Olaf Deinert

Rechtsfragen der OT-Mitgliedschaft im Arbeitgeberverband

HSI
Hugo Sinzheimer Institut
für Arbeits- und Sozialrecht

Das HSI ist ein Institut
der Hans-Böckler-Stiftung

Band 61
HSI-Schriftenreihe

Rechtsfragen der OT-Mitgliedschaft im Arbeitgeberverband

Olaf Deinert

BUND
VERLAG

Bibliografische Information der Deutschen Nationalbibliothek
Die Deutsche Nationalbibliothek verzeichnet diese Publikation in der Deutschen Nationalbibliografie; detaillierte bibliografische Daten sind im Internet über http://dnb.d-nb.de abrufbar.

Umschlaggestaltung: A&B one Kommunikationsagentur GmbH, Berlin
Satz: Reemers Publishing Services GmbH, Krefeld
Druck: Druckerei C.H. Beck, Bergerstraße 3, 86720 Nördlingen

ISBN 978-3-7663-7660-2

kontakt@bund-verlag.de
www.bund-verlag.de

Vorwort

Vereinsrecht sticht Tarifautonomie – so könnte man die Rechtsprechung zur OT-Mitgliedschaft im Arbeitgeberverband auf den Punkt bringen. Denn diese akzeptiert es, dass die Tarifbindung als Folge der Mitgliedschaft im Arbeitgeberverband durch dessen Satzung abbedungen wird. Seitdem das BAG im Jahr 2006 die OT-Mitgliedschaft unter Bedingungen akzeptiert hat, findet diese Form der Verbandszugehörigkeit stetig wachsende Verbreitung. Die Erfahrungen, die die Praxis damit gemacht hat, zeigen, dass die damaligen Befürchtungen berechtigt waren: Die OT-Mitgliedschaft reduziert die genuine Tarifabdeckung und erschwert den Gewerkschaften, diese durch einen erfolgreichen Arbeitskampf zu erhöhen.

Denn dass es der Gewerkschaft gelingt, Arbeitgeber im Flächentarifvertrag zu halten oder zurück in die Tarifbindung zu bringen, wird durch Umstände wie den „heimlichen“ oder den „kurzfristigen“ Wechsel in die OT-Mitgliedschaft sehr erschwert. Allein die Sorge vor einem „blitzartigen“ Austritt oder die Unsicherheit über das Bestehen der Friedenspflicht hemmt das Vorgehen. Die Mitgliedschaft ohne Tarifbindung erweist der Tarifautonomie daher einen Bärendienst.

Prof. Dr. Olaf Deinert, Georg-August-Universität Göttingen, analysiert die Rechtslage vor dem Hintergrund der aktuellen Entwicklungen. Das Gutachten leistet zweierlei: Es zeigt auf, weshalb die Zulässigkeit der OT-Mitgliedschaft nach wie vor rechtlich zweifelhaft ist. Zugleich leitet es aus dem rechtlichen Rahmen wichtige Transparenz-Anforderungen sowie Beschränkungen für den Blitzwechsel in die OT-Mitgliedschaft ab und liefert so eine Vorlage für die Weiterentwicklung des Rechts durch Politik, Wissenschaft und Rechtsprechung.

Ernesto Klengel im Dezember 2025

Inhalt

A. Fragestellung

Die Mitgliedschaft im Arbeitgeberverband ohne Tarifbindung („OT-Mitgliedschaft") versucht, das Beste aus zwei Welten miteinander zu kombinieren:[1] Einerseits wollen OT-Mitglieder die Vorteile aus einer Verbandsmitgliedschaft, andererseits wollen sie die rechtliche Konsequenz aus der Verbandsmitgliedschaft, die Bindung an den Tarifvertrag (§ 3 Abs. 1 Tarifvertragsgesetz, TVG), nicht tragen und frei darüber entscheiden, welche Arbeitsbedingungen sie „gewähren", d.h. mit ihren Arbeitnehmern vereinbaren.

Um potenziell austrittswilligen Mitgliedern eine attraktive Alternative zu bieten und diese gleichzeitig weiter an den Verband zu binden, wurde das Modell der OT-Mitgliedschaft entwickelt.[2] Dabei gibt es zwei Grundkonzeptionen, die in Details jeweils unterschiedlich ausgestaltet sein können.[3] In der einen gibt es neben dem (tariffähigen) Arbeitgeberverband einen parallelen Verband, der nicht tarifwillig und tariffähig ist und die Mitglieder ohne Tarifbindung beherbergt (OT-Verband). Eine weitere Spielart dieses Aufspaltungsmodells ist die Verwandlung des Verbandes in einen nicht tariffähigen Verband bei gleichzeitiger Gründung einer Tarifgemeinschaft für die Mitglieder, die weiterhin an der Tarifpolitik teilnehmen möchten.[4] Die andere Variante, als Stufenmodell bezeichnet, kennt zwei Arten der Mitgliedschaft. Während die normale („T-")Mitgliedschaft alle Mitgliedschaftsrechte, aber auch die Konsequenz der Tarifbindung mit sich bringt, soll die Tarifgebundenheit bei OT-Mitgliedern ausscheiden. Regelmäßig fehlt es dann auch an den tarifbezogenen Mitgliedschaftsrechten. Welche Rechte die OT-Mitglieder im Übrigen haben, ist Frage der Satzungsgestaltung.[5] Teils wird sogar Unterstützung bei Haustarifkonflikten gewährt.[6] Auch die Frage des Beitrags ist abhängig von der Satzungsgestaltung.[7] Üblicherweise zahlen OT-Mitglieder aber denselben Beitrag wie andere Mitglieder.[8] Teilweise ist in Satzungen die OT-Mitgliedschaft für Ausnahmesituationen vorgesehen, mitunter ist diese Möglichkeit nur für einen begrenzten Zeitraum gegeben.[9]

---

1 *Besgen*, SAE 2000, 141, 144.

2 Vgl. *Reuter*, RdA 1996, 201 ff.

3 Vgl. *Behrens*, Das Paradox der Arbeitgeberverbände, 141 ff.; *Deinert*, AuR 2006, 217; *Deinert/Walser*, Tarifvertragliche Bindung, 29 f.; Däubler-*Peter/Rödl*, TVG, § 2 Rn. 138; Kempen/Zachert-*Stein*, § 2 Rn. 131 f.; *Terhorst*, Ende der Tarifbindung, 77 ff.

4 Dazu ausf. Kempen/Zachert-*Stein*, § 2 Rn. 131; Wiedemann-*Oetker*, § 2 Rn. 28.

5 Vgl. *Deinert*, AuR 2006, 217; Däubler-*Peter/Rödl*, TVG, § 2 Rn.139.

6 *Jacobs/Krois*, FS Reuter, 2010, 555, 558.

7 *Deinert*, AuR 2006, 217.

8 *Deinert/Walser*, Tarifvertragliche Bindung, 30.

9 *Behrens*, Das Paradox der Arbeitgeberverbände, 145.

Schon der Gesetzeswortlaut des § 3 Abs. 1 TVG[10] ließ die Arbeitgeberverbände wohl selber zweifeln, ob die OT-Mitgliedschaft die gewünschte rechtliche Konsequenz zur Folge haben konnte. Es wurde daher ein Rechtsgutachten in Auftrag gegeben. *Buchner* kam zu dem wenig überzeugenden, aber sehr originellen Ergebnis, dass die OT-Mitgliedschaft im Wege einer personellen Beschränkung der Tarifzuständigkeit konstruktiv bewerkstelligt werden könne.[11] Die Satzungsautonomie gestatte die Einrichtung einer solchen Form der Mitgliedschaft. § 3 Abs. 1 TVG stehe nicht entgegen, Tarifnormen würden ohnehin nur für diejenigen gelten, die die Tarifvertragsparteien dazu legitimiert haben. Das wurde zunächst auch zur herrschenden Meinung,[12] während es eine Mindermeinung blieb, dass, entsprechend dem Gesetzeswortlaut, aus der Verbandsmitgliedschaft ohne Wenn und Aber die Tarifgebundenheit folgt und es unmöglich ist, kraft Willensaktes die gesetzlichen Rechtsfolgen auszuschließen[13]. Auch das Bundesarbeitsgericht (BAG) ging zunächst davon aus, dass es sich um ein Problem der Tarifzuständigkeit handele,[14] ließ später aber die Frage offen, ob die OT-Mitgliedschaft die Bindung an einen Verbandstarifvertrag hindern kann.[15] Am Ende ließ der 4. Senat des BAG aber erkennen, dass er es jedenfalls für möglich hielt, dass eine OT-Mitgliedschaft nicht zwingend die Tarifgebundenheit zur Folge hat.[16]

In der Folge wurde der Weg über eine personell beschränkte Tarifzuständigkeit aber endgültig aufgegeben, indem die neuere Rechtsprechung davon ausgeht, dass die Begründung einer OT-Mitgliedschaft ungeachtet des Gesetzeswortlauts des § 3 TVG keine Tarifgebundenheit begründet.[17] Eine solche müsse auf einem Willensentschluss des Gebundenen beruhen. Daran aber fehle es bei OT-Mitgliedern, die ja gerade keine Tarifunterwerfung wollten. Ohne dass

---

10 „Tarifgebunden sind die Mitglieder der Tarifvertragsparteien [...]."

11 *Buchner*, NZA 1994, 2, 5 ff.; vgl. auch *ders.*, FS Arbeitsgerichtsbarkeit Rheinland-Pfalz, 1999, 331, 334 f.

12 LAG Rheinland-Pfalz 17.2.1995 – 10 Sa 1092/94, NZA 1995, 900 (= LAGE Art. 9 GG Nr. 10); LAG Düsseldorf, 11.11.2005 – 18 (11) TaBV 25/05; LAG Schleswig-Holstein, 3.3.2006 – 6 Sa 158/05; *Besgen*, SAE 2000, 141, 146; *Junker*, Zulässigkeit und Rechtsfolgen der Mitgliedschaft ohne Tarifbindung, 14 ff.; *Moll*, Tarifausstieg der Arbeitgeberseite, 39 ff.; *Otto*, NZA 1996, 624, 629; *Reuter*, RdA 1996, 201, 203 ff.; *Schlochauer*, FS Schaub, 1998, 699, 707 f.; *Thüsing*, Anm. zu LAG Rheinland-Pfalz LAGE Art. 9 GG Nr. 10; *ders.*, ZTR 1996, 481, 483; *Thüsing/Stelljes*, ZfA 2005, 527, 561 ff.

13 *Däubler*, ZTR 1994, 448, 453; *Feger*, AiB 1995, 490, 502; *Glaubitz*, NZA 2003, 140, 142; *Hensche*, Zur rechtlichen Zulässigkeit der OT-Mitgliedschaft, 17 ff.; *Deinert*, AuR 2006, 217, 218 ff.

14 BAG 23.10.1996 – 4 AZR 409/95 (A), AP TVG § 3 Verbandszugehörigkeit Nr. 15.

15 BAG 24.2.1999 – 4 AZR 62/98, RdA 2000, 104, m. Anm. *Zachert*.

16 BAG 23.2.2005 – 4 AZR 186/04, AP TVG § 4 Nachwirkung Nr. 42; dazu *Wilhelm/Dannhorn*, NZA 2006, 466 ff.

17 BAG 18.7.2006 – 1 ABR 36/05, NZA 2006, 1225; vgl. *Rhodius*, Die OT-Mitgliedschaft, 46 ff.; *Terhorst*, Ende der Tarifbindung, 90 ff.; *Pfister*, Tarifrechtliche Unwirksamkeit, 38 f.; ErfK-*Linsenmaier*, Art. 9 GG Rn. 40, 58; ErfK-*Franzen*, § 2 TVG Rn. 9a; HWK-*Hergenröder*, Art. 9 GG Rn. 59; HWK-*Henssler*, § 3 TVG Rn. 4 f.; zur Kritik vgl. Däubler-*Peter/Rödl*, TVG, § 2 Rn. 137 ff.; *Deinert/Walser*, Tarifvertragliche Bindung, 31 ff.

das in den Entscheidungsgründen nachzuweisen wäre, war dies wohl nicht zuletzt mit durch die Annahme geleitet, dass die Alternative zur OT-Mitgliedschaft für die daran interessierten Arbeitgeber nicht etwa die Mitgliedschaft mit Tarifbindung, sondern die Nicht-Mitgliedschaft sei.

Freilich bereitete die OT-Mitgliedschaft in der Folge erhebliche praktische Probleme – wenig verwunderlich, denn Arbeitgeber müssen ein Interesse an der Verbandsmitgliedschaft haben, wenn sie nicht die Position als Außenseiter wählen. Im Nachgang mussten sich Rechtsprechung und Lehre folgerichtig umfangreich mit der Frage befassen, welche Anforderungen an die Ausgestaltung einer OT-Mitgliedschaft zu stellen sind, damit tatsächlich keine Tarifgebundenheit eintritt (s. dazu näher u. III 3 a) und IV). Bemerkenswerterweise wird die lange Zeit als herrschende Meinung angesehene Theorie von der personell beschränkten Tarifzuständigkeit heute praktisch nicht mehr vertreten.

Dabei hat sich gezeigt, dass die OT-Mitgliedschaft entgegen verschiedentlichen Beteuerungen keineswegs ein Stabilisator des Tarifsystems ist – eher im Gegenteil. Es gibt insgesamt zwar wenig verwertbare Daten zu den Mitgliederbeständen von Arbeitgeberverbänden, sie lassen sich immerhin ein Stück weit durch die Tarifbindungszahlen der Betriebe hochrechnen.[18] Bekannt ist insoweit, dass die Tarifbindung sinkt, desgleichen die Mitgliedschaftsbasis der Arbeitgeberverbände:[19] So sank nach den Ergebnissen des IAB-Betriebspanels seit 1996 die Prozentzahl der Beschäftigten in Betrieben mit Branchentarifvertrag um 25 Prozentpunkte auf 42 % im Jahr 2023. Der Anteil der Betriebe mit Branchentarifbindung ist von 45 % im Jahr 1996 auf 22 % im Jahr 2023 gesunken.[20] Von den nicht tarifgebundenen Arbeitnehmern soll immerhin rund die Hälfte Arbeitsbedingungen genossen haben, die sich am Tarifvertrag orientieren. Allerdings bedeutet das keineswegs, dass sich die Betriebe in allen wesentlichen Arbeitsbedingungen an die tariflichen Bedingungen anlehnen.[21]

Die Entwicklung zeigt sich symptomatisch an der Situation von Gesamtmetall: Zwar ist die Zahl der Mitgliedsfirmen seit einem Tiefpunkt von 2004, auf den sie seit der deutschen Wiedervereinigung zugelaufen ist, wieder gewachsen.[22] Der Zuwachs beruht allerdings allein auf OT-Mitgliedschaften, denn die Mitgliedschaft mit Tarifbindung ist kontinuierlich weiterhin gesunken. Ähnlich sieht es hinsichtlich der Zahl der Beschäftigten bei Unternehmen, die beim Ta-

18 *Behrens*, Das Paradox der Arbeitgeberverbände, 14.

19 *Hohendanner/Kohaut*, 75 Jahre Tarifvertragsgesetz.

20 Tarifbindung und betriebliche Interessenvertretung – Ergebnisse des IAB-Betriebspanels 2023, *https://doku.iab.de/arbeitsmarktdaten/Daten_zur_Tarifbindung_2023.xlsx* (zuletzt abgerufen am 19.8.2025).

21 *Hohendanner/Kohaut*, 75 Jahre Tarifvertragsgesetz.

22 *Greef*, in: Schroeder/Weßels (Hrsg.), Handbuch der Arbeitgeber- und Wirtschaftsverbände, 673, 702 f.

rifträgerverband organisiert sind, aus. 2019 waren im Organisationsbereich von Gesamtmetall mehr als 55 % der Mitgliedsunternehmen OT-Mitglieder; das betrifft insgesamt mehr als 24 % der Arbeitnehmer der Gesamtmetall-Mitglieder.[23]

Dies gibt Anlass, das Konzept der OT-Mitgliedschaft, wie es von der h.M. vertreten wird, vor dem Hintergrund der tatsächlichen Entwicklung (sogleich u. B.) zunächst noch einmal darzustellen (s.u. C. I. und II.) und grundsätzlich zu hinterfragen (s.u. C. III.). Auch auf dem Boden der h.M. sind die bisherigen Konzeptionen zur Gewährleistung der Funktionsfähigkeit der Tarifautonomie mit Trennungsprinzip und Transparenzgebot (s.u. D. II.) kritisch zu würdigen. Der Frage eines Auskunftsanspruchs der Gewerkschaft hinsichtlich OT-Mitgliedschaften ist dabei nachzugehen (s.u. D. III.). Zu prüfen ist, ob der Wechsel in eine T-Mitgliedschaft ein zulässiges Arbeitskampfziel sein kann (s.u. D. IV.) und ob die Verpflichtung zur gemeinsamen Antragstellung hinsichtlich einer Allgemeinverbindlicherklärung im Wege des Arbeitskampfes angestrebt werden kann (s.u. D. V.). Abschließend sind rechtspolitische Vorschläge zu entwickeln (s.u. E.).

Zwar können sich auch Rechtsprobleme beim Modell paralleler Verbände ergeben. Das betrifft in erster Linie die Frage, ob die Umwandlung in einen OT-Verband mit gleichzeitiger Bildung einer Tarifgemeinschaft durch die tarifwilligen Mitglieder tatsächlich zur Tarifunfähigkeit des verbleibenden OT-Verbandes führt.[24] Insbesondere ein verbleibender Einfluss des OT-Verbandes auf die tarifpolitische Tätigkeit der Tarifgemeinschaft kann dazu führen, dass diese Frage zu verneinen ist.[25] Indes stellen sich weniger Probleme für das Tarifverhandlungssystem durch eine klare verbandliche Trennung. Die nachfolgenden Ausführungen sollen sich daher auf das Stufenmodell konzentrieren.

---

23 *Behrens*, in: Gooberman/Hauptmeier (Hrsg.), Contemporary Employers' Organizations, 159, 169.

24 Däubler-*Peter/Rödl*, TVG, § 2 Rn.140.

25 Däubler-*Peter/Rödl*, TVG, § 2 Rn.140.

B. Entwicklung, praktische Bedeutung und Konsequenzen

Empirische Daten zu OT-Mitgliedschaften in Arbeitgeberverbänden sind leider nur begrenzt verfügbar.[26] Immerhin gibt es ein paar Erkenntnisse zu Strategien von Arbeitgeberverbänden und zu Motivationslagen bei Arbeitgebern.

I. Gründe für das Angebot von OT-Mitgliedschaften

Nach *Behrens* und *Helfen* bietet knapp die Hälfte der Arbeitgeberverbände (48 %) inzwischen eine OT-Mitgliedschaft an.[27]

Im Vordergrund der Überlegungen steht oftmals, dass OT-Mitgliedschaften von Arbeitgeberverbänden angeboten wurden, um Arbeitgebern eine Alternative zu bieten, die mit der Tarifpolitik, die ja nicht allein von Arbeitgeberverbänden, sondern immer im Kompromiss mit Gewerkschaften entsteht, unzufrieden sind.[28] Das gilt gleichermaßen für potenzielle Neumitglieder wie für austrittsgeneigte Bestandsmitglieder. Dies ist die gängige Erklärung für die satzungsmäßige Einrichtung von OT-Mitgliedschaften durch Arbeitgeberverbände. Die OT-Mitgliedschaft dient dann der Organisationssicherung.[29] Die OT-Mitglieder werden immerhin noch im Verband gehalten, und es wird eine gewisse Nähe zur Tarifpolitik ermöglicht.[30] Dass OT-Mitglieder tatsächlich Verbandstarifverträge anwenden, ist allerdings nicht gesichert[31] und erscheint auch zweifelhaft, hält man sich vor Augen, dass die in den Statistiken häufig angegebene „Orientierung" am Tarifvertrag i.d.R. nicht sämtliche tariflichen Arbeitsbedingungen betrifft.[32] Diese Ambivalenz aus Tariffreiheit und tarifpolitischem Interesse[33] wird deutlich, wenn das Landesarbeitsgericht (LAG) München betont, dass gleich hohe Beiträge für OT-Mitglieder und T-Mitglieder sachlich nachvollziehbar seien, (wenn und) weil OT-Mitglieder mit der ta-

26 Vgl. *Behrens*, Das Paradox der Arbeitgeberverbände, 150 f.

27 *Behrens/Helfen*, Human Resource Management Journal 2018, 1, 9; *dies.*, WSI-Mitt. 2016, 452, 453.

28 *Buchner*, NZA 1994, 2 f.; *Stumpfe*, NZA Sonderbeilage 24/2000, 1, 2; *Schlochauer*, FS Hromadka, 2008, 379, 379 ff.; *Henssler*, RdA 2021, 1, 4. Ausf. zur Entwicklung bei Gesamtmetall *Joest*, FS Buchner, 2009, 358, 358 ff.

29 *Behrens*, Das Paradox der Arbeitgeberverbände, 153 f.

30 *Behrens*, Das Paradox der Arbeitgeberverbände, 151 ff.; *Deinert/Walser*, Tarifvertragliche Bindung, 76.

31 Vgl. auch BKS-*Dierßen*, § 3 Rn. 44.

32 S.o. Fn. 21.

33 Vgl. BKS-*Dierßen*, § 3 Rn. 44.

rifpolitischen Arbeit des Verbandes ein eigenes Interesse im Hinblick auf die Signalwirkung der Tarifabschlüsse für die oftmals gerade kleinen und kleinsten Unternehmen, die OT-Mitglieder seien, verbänden.[34] Überdies gibt es die These, dass OT-Mitgliedschaften eine Strategie sein könnten, bis dato praktizierten Tarifbruch nachträglich zu legalisieren.[35]

Eine Untersuchung von *Behrens* und *Helfen* zu den Gründen für die Einführung von OT-Mitgliedschaften durch die Verbände stellt diesem Modell eine Mehrzahl möglicher Gründe für die Einführung gegenüber, die sich allerdings nicht wechselseitig ausschließen.[36] Neben dieser soeben beschriebenen Strategie der Mitgliedschaftssicherung wird auch eine Strategie zur Stärkung der Verhandlungsmacht sowie eine Exitstrategie diskutiert. Dabei beruht die Strategie der Stärkung der Verhandlungsmacht auf der Erwägung, dass die Zahl der aus der Tarifbindung herausoptierenden Arbeitgeber als Argument zur Durchsetzung von Konzessionen der Gewerkschaften im Hinblick auf eine zu stark belastende Tarifpolitik genutzt wird.[37] Überdies wird eine solche Strategie dahinter vermutet, dass OT-Mitgliedschaften teils ohne jede Frist begründet und beendet werden können.[38] Die OT-Mitgliedschaft ermöglicht damit, dass Arbeitgeberverbände teilweise sogar die nicht tarifgebundene Konkurrenz organisieren. Noch mehr ist ihre tarifpolitische Position gestärkt, wenn OT-Mitglieder Beiträge leisten, mit denen das tarifpolitische und Arbeitskampfgeschäft der T-Mitglieder mitfinanziert wird.

Die mögliche Exitstrategie zeigt auf, dass OT-Mitgliedschaften genutzt werden können, um Verbandstarifverhandlungen insgesamt gemeinsam zu beenden. Wenn sich erst eine kritische Masse von Mitgliedsunternehmen gegen die Tarifbindung entschieden haben, verkommt der Verband zu einer schlichten Service- und Lobbyorganisation, die keine Flächentarifverhandlungen mehr führt. Die OT-Mitgliedschaft wäre damit eine Vorstufe zum kollektiven Tarifausstieg.[39]

Die Untersuchung beruht auf einer Befragung von Repräsentanten von mehr als 1100 Verbänden in 2012/13. Dabei wurden die Antworten von 114 reinen Arbeitgeberverbänden sowie Mischorganisationen ausgewertet.[40]

---

34 LAG München 12.4.2005 – 11 TaBV 33/04, Rn. 49; ähnl. auch *Buchner*, NZA 1995, 761, 766 f.; *Löwisch/Rieble*, § 3 Rn. 61.

35 *Behrens*, Das Paradox der Arbeitgeberverbände, 154 f.

36 *Behrens/Helfen*, Human Resource Management Journal 2018, 1 ff.

37 Vgl. *Behrens*, WSI-Mitt. 2013, 473, 477; *ders.*, Das Paradox der Arbeitgeberverbände, 155; BKS-*Dierßen*, § 3 Rn. 46; vgl. ferner *Farouq*, Verfassungsrechtliche Vorgaben, 200 ff.

38 *Berg*, AuR 2001, 393, 394.

39 Dazu *Behrens*, Das Paradox der Arbeitgeberverbände, 155 ff.; *ders.*, WSI-Mitt. 2013, 473, 478 f.

40 Vgl. bereits *Behrens/Helfen*, WSI-Mitt. 2016, 452 ff.

Interessanterweise werden OT-Mitgliedschaften insbesondere von Verbänden abgelehnt, die besonders von Großunternehmen oder besonders von sehr kleinen Unternehmen (bis 20 Arbeitnehmern) beherrscht werden. Verbände, die durch Unternehmen mittlerer Größe beherrscht sind, bieten besonders häufig (zu 71 %) den Weg aus der Tarifbindung heraus an.[41] Schon dies lässt zweifeln, dass OT-Mitgliedschaften besonders als Weg zur Mitgliederstabilisierung im Hinblick auf eine „überzogene“ Tarifpolitik vorgesehen wurden. Bestätigt wird das dadurch, dass nicht einmal ein Fünftel der Befragten die Einrichtung von OT-Mitgliedschaften als Reaktion auf Mitgliederentwicklungen darstellten.[42] Immerhin war die Sicht auf das Tarifsystem aus Verbänden ohne OT-Mitgliedschaft deutlich positiver als aus solchen mit OT-Mitgliedschaft – ähnlich ist auch die Sicht auf die Beziehungen zu den Gewerkschaften.[43] Aus diesen Erkenntnissen lässt sich ableiten, dass die Sicherung des Mitgliederbestandes ein Motiv sein kann, sicher aber nicht das alleinige Motiv ist.

Andererseits konnte die These, dass die OT-Mitgliedschaft als Strategie zur Stärkung der Verhandlungsmacht genutzt wurde, kaum bestätigt werden.[44] Allerdings ist aus Sicht von Arbeitgeberverbänden ein Organisationsgrad von 100 % keineswegs wünschenswert, weil das aus ihrer Sicht vor allem die Gefahr steigender Lohnkosten und damit Produktionskosten mit sich bringt.[45] Das führt zu der Erkenntnis, dass außerverbandliche Konkurrenz aus Arbeitgebersicht positiv auf die Tarifentwicklung wirkt. Wenn diese „außerverbandliche“ Konkurrenz zugleich aus Mitgliedern (OT-Mitgliedern) besteht, muss das fast optimal erscheinen.

Wichtig ist die Erkenntnis, dass die rechtliche Bewertung von OT-Mitgliedschaften durch die Justiz ein wesentlicher Treiber für die Einrichtung von OT-Mitgliedschaften war. Das ist deshalb naheliegend, weil Arbeitgeber, solange die rechtliche Anerkennung ausstand, dass aus der OT-Mitgliedschaft keine Tarifbindung folgt, das Risiko erheblicher Nachzahlungen trugen. Die Praxis hat sich in der Zwischenzeit allerdings auf die rechtliche Zulässigkeit der OT-Mitgliedschaft eingestellt.[46] Gewissermaßen den Startschuss stellt eine Entscheidung des LAG Rheinland-Pfalz dar, die im Jahr 1995 Ansprüche des Arbeitnehmers auf den Tariflohn verneinte, weil die OT-Mitgliedschaft keine Bindung an den Tarifvertrag zur Folge haben könne.[47] Ungefähr ab diesem Zeit-

41 *Behrens/Helfen*, Human Resource Management Journal 2018, 1, 8.
42 *Behrens/Helfen*, Human Resource Management Journal 2018, 1, 10.
43 *Behrens/Helfen*, Human Resource Management Journal 2018, 1, 11.
44 *Behrens/Helfen*, Human Resource Management Journal 2018, 1, 11.
45 *Lesch/Schneider/Vogel*, SozF 2018, 867, 870.
46 *Deinert/Walser*, Tarifvertragliche Bindung, 32.
47 LAG Rheinland-Pfalz 17.2.1995 – 10 Sa 1092/94, NZA 1995, 900 (= LAGE Art. 9 GG Nr. 10, m. Anm. *Thüsing*).

punkt nahm die Zahl der Verbände langsam zu, die OT-Mitgliedschaften anboten. Als die ersten BAG-Entscheidungen ab dem Jahr 2005 ergingen,[48] gab es bereits eine ganze Reihe von Verbänden mit OT-Mitgliedschaften. Zugleich wurde das noch in den frühen 1990er Jahren präferierte – rechtlich sicherere[49] – Parallelverbandsmodell allmählich durch das Stufenmodell abgelöst.[50] Bemerkenswert ist im Übrigen, dass gerade in der Bauindustrie, die durch häufige Allgemeinverbindlicherklärungen gekennzeichnet ist, das Angebot von OT-Mitgliedschaften besonders selten ist (15 % gegenüber 27 % im Organisationsbereich der IG BCE, 55 % in der Metallindustrie und 73 % im Organisationsbereich von ver.di). Das deutet immerhin an, dass die OT-Mitgliedschaft tatsächlich weniger eine Alternative zum Austritt für Mitglieder, die mit der Tarifpolitik unzufrieden sind, ist als vielmehr ein Weg zur Flucht aus der Tarifbindung, was im Falle der Allgemeinverbindlicherklärung nicht funktionieren kann.

Vorstehende Erwägungen widerlegen zwar nicht die These, dass die Verbände ohne OT-Mitgliedschaften noch größeren Mitgliederschwund zu verzeichnen hätten, lässt aber zumindest Zweifel an dieser.

Es kann wohl insgesamt davon ausgegangen werden, dass der Mitgliederbestand bei den Arbeitgeberverbänden durch die OT-Mitgliedschaft gesichert werden konnte.[51] Andererseits zeigt sich, dass OT-Mitgliedschaften, auch wenn sie möglicherweise nicht genutzt werden für eine Strategie zur Stärkung der Verhandlungsmacht oder gar als Vorstufe des Exits, jedenfalls faktisch eine wichtige Rolle gespielt haben bei der Veränderung des langfristigen Verhandlungsarrangements.[52]

Die Tarifbindung ist zugleich mit der Entwicklung der OT-Mitgliedschaft massiv zurückgegangen Auch wenn die OT-Mitgliedschaft nicht als nachweisbar kausale Ursache für diese Entwicklung benannt werden kann, zeigt sich doch, dass sie jedenfalls keinerlei positiven Effekt auf die Tarifbindung hatte.

48 S.o. Fn. 16 und 17.

49 *Walser*, Einfluss der Rechtsordnung, 112; vgl. *Schlochauer*, FS Hromadka, 2008, 379, 383; MünchArbR-*Klumpp*, § 245 Rn. 31 ff.

50 Näher *Behrens/Helfen*, Human Resource Management Journal 2018, 1, 6 f.

51 Vgl. etwa *Schlochauer*, FS Hromadka, 2008, 379, 380 ff.

52 *Behrens/Helfen*, Human Resource Management Journal 2018, 1, 13; *Behrens*, in: Gooberman/Hauptmeier (Hrsg.), Contemporary Employers' Organizations, 159 ff.

II. Motivation bei OT-Mitgliedern und solchen, die sich nicht für die OT-Mitgliedschaft entscheiden

Bei der Entscheidung für oder gegen die Tarifbindung spielt oftmals die Möglichkeit zur Zahlung untertariflicher Löhne eine Rolle. Auch die Flexibilität in der Personalpolitik im Vergleich zu den Bindungen durch Flächentarifverträge, etwa hinsichtlich der Arbeitszeit, ist bedeutsam.[53]

Andererseits kann für die Tarifbindung aus Sicht des Arbeitgebers die Möglichkeit sprechen, Konflikte aus dem Betrieb zu halten.[54] Überdies kann die Tarifbindung ein personalpolitisches Werbeargument sein.[55] Schließlich ist sicher ein wichtiges Argument für die Tarifbindung der Druck durch Gewerkschaften dort, wo diese in der Lage sind, ihn in ausreichendem Maße zu entfalten.[56]

Ganz grundsätzlich ist eine OT-Mitgliedschaft reizvoll im Hinblick auf die Vermeidung der Tarifbindung bei gleichzeitiger Möglichkeit, Verbandsleistungen des Arbeitgeberverbandes in Anspruch zu nehmen. Zu diesen gehört etwa der Einfluss auf die Lobbypolitik, die Teilhabe an Verbandsinformationen und Koordination,[57] Fortbildungen, Rechtsberatung, ggf. sogar tarifpolitische Beratung. Wichtig ist insbesondere die personalpolitische Beratung, insbesondere für kleine Unternehmen, die keine eigene Personalabteilung und spezialisierte Juristen vorhalten.[58]

Im Übrigen sind OT-Mitglieder im Allgemeinen nicht tarifpolitisch gleichgültig. Sie möchten oftmals die Regeln des Verbandstarifvertrages adaptieren oder abwandeln; der Abschluss von Haus- und Anerkennungstarifverträgen ist nicht selten.[59]

Insgesamt bedarf es für den Arbeitgeber einer Abwägung der verschiedenen Gesichtspunkte für und gegen Mitgliedschaft sowie für und gegen Tarifbindung. Dabei hat die empirische Forschung herausgearbeitet, dass es einige Umstände gibt, die den Weg in die OT-Mitgliedschaft begünstigen, während

53 *Jirjahn*, Industrial Relations 2022, 545, 547 f.
54 *Jirjahn*, Industrial Relations 2022, 545, 548.
55 *Jirjahn*, Industrial Relations 2022, 545, 548.
56 *Jirjahn*, Industrial Relations 2022, 545, 548.
57 *Jirjahn*, Industrial Relations 2022, 545, 547.
58 *Behrens*, in: Gooberman/Hauptmeier (Hrsg.), Contemporary Employers' Organizations, 159, 166 f.
59 *Zander*, FS Klebe, 2018, 484, 485.

andere offenbar Einfluss darauf haben, dass es nicht zur Wahl einer OT-Mitgliedschaft kommt. *Jirjahn* hat dazu Daten einer Erhebung aus dem Jahr 2007 in Bezug auf 1201 Unternehmen ausgewertet, diese aber auf die privatwirtschaftlichen Unternehmen beschränkt, zu denen vollständige Informationen vorlagen, was insgesamt 417 Unternehmen waren.[60] Von diesen waren 73 % an einen Verbandstarifvertrag gebunden, rund 13 % an Firmentarifverträge. 14 % waren nicht tarifgebunden. Hinsichtlich der an einen Haustarifvertrag gebundenen war aber nicht bekannt, ob es sich um OT-Mitglieder oder Außenseiter handelte. Ein Gegentest unter Ausblendung der Fälle mit Haustarifverträgen ergab jedoch keine signifikanten Abweichungen.

Zunächst ergibt sich, dass Betriebe mit Betriebsrat um 14 Prozentpunkte seltener infolge OT-Mitgliedschaft des Arbeitgebers außerhalb der Tarifbindung sind.[61] Das spricht dafür, dass Arbeitgeber sich bei Existenz eines Betriebsrats offenbar eher dem Druck ausgesetzt sehen, am Tarifsystem teilzunehmen, als Arbeitgeber, bei denen kein Betriebsrat existiert.[62]

Auch der gewerkschaftliche Organisationsgrad ist erwartungsgemäß ein Einflussfaktor.[63] OT-Mitgliedschaften kommen zudem um 19 Prozentpunkte häufiger bei multinationalen Unternehmen ausländischer Inhaber vor.[64] Offensichtlich spielt hier eine Rolle, dass die Tarifbindung eine zentrale multinationale Unternehmenspolitik behindern kann.[65] Auch die Größe eines Unternehmens korreliert mit der Entscheidung für oder gegen die OT-Mitgliedschaft.[66] Dabei dürfte nicht nur eine Rolle spielen, dass große Unternehmen stärker der Gefahr unmittelbaren gewerkschaftlichen Drucks ausgesetzt sind, sondern auch der Umstand, dass kleinere Unternehmen häufiger mit der Verbandspolitik unzufrieden sind, was wiederum damit zusammenhängt, dass große Unternehmen offensichtlich stärker Einfluss in den Verbänden haben.[67] Das steht in einem gewissen Spannungsverhältnis zu dem Befund, dass Verbände, die überwiegend durch kleine Arbeitgeber dominiert sind, besonders resistent gegen OT-Mitgliedschaften sind.[68] Schließlich korrelieren OT-Mitgliedschaft und Alter des Unternehmens miteinander. OT-Mitgliedschaften sind seltener in älteren Unternehmen anzutreffen und häufiger in jüngeren Unternehmen.[69] Das

60 *Jirjahn*, Industrial Relations 2022, 545, 550 ff.
61 *Jirjahn*, Industrial Relations 2022, 545, 553.
62 *Jirjahn*, Industrial Relations 2022, 545, 549.
63 *Jirjahn*, Industrial Relations 2022, 545, 553 f.; vgl. auch *Behrens*, WSI-Mitt. 2013, 473, 476.
64 *Jirjahn*, Industrial Relations 2022, 545, 554.
65 *Jirjahn*, Industrial Relations 2022, 545, 549.
66 *Jirjahn*, Industrial Relations 2022, 545, 554.
67 *Jirjahn*, Industrial Relations 2022, 545, 550.
68 *Behrens*, in: Gooberman/Hauptmeier (Hrsg.), Contemporary Employers' Organizations, 159, 169 f.
69 *Jirjahn*, Industrial Relations 2022, 545, 554.

kann mit stärker sich wandelnden Organisationsformen und dadurch gesteigertem Flexibilitätsbedarf zu tun haben, aber auch mit einer geringeren Fähigkeit, tarifliche Löhne zu zahlen.[70]

Schließlich können Tariftreueregelungen etwa der Länder, aber auch ein künftiges Bundestariftreuegesetz (BTTG)[71] das Interesse an der Tarifbindung steigern. Zwar müssen bei Tariftreuegesetzgebung auch nicht tarifgebundene Unternehmen sich an Tarifverträge halten, um am Wettbewerb teilnehmen zu können. Immerhin könnte Tariftreuegesetzgebung für die Unternehmen, die sich häufig um öffentliche Aufträge bemühen, Anreiz zur tarifgebundenen Mitgliedschaft im Arbeitgeberverband schaffen, weil sie dann auch Einfluss auf die tariflichen Arbeitsbedingungen gewinnen können.

70 *Jirjahn*, Industrial Relations 2022, 545, 550.
71 Gesetzentwurf der Bundesregierung: BT-Drs. 21/1941.

C. Rechtliche Konstruktion und Kritik

Die vorstehend dargelegten Entwicklungen sind Grund genug, den Rechtsfragen der OT-Mitgliedschaft erneut nachzugehen. Insbesondere ist zu prüfen, wie Fehlentwicklungen, die das Tarifvertragssystem gefährden, in Auseinandersetzung mit der h.M. begegnet werden kann. Dabei ist zunächst ein Blick auf die rechtliche Konstruktion zu werfen.

OT-Mitglieder suchen die Mitgliedschaft und den Genuss der Mitgliedschaftsrechte im Arbeitgeberverband, auch verbunden mit den Pflichten eines Mitglieds. Zugleich soll die Bindung an den Tarifvertrag ausgeschlossen werden. Eine Gastmitgliedschaft ohne wesentliche Mitgliedschaftsrechte (s.u. C. III. 1.) entspricht daher nicht dem Gewünschten,[72] obwohl auch bei einer solchen die Tarifgebundenheit ausgeschlossen sein könnte.[73] Die OT-Mitgliedschaft als Mitgliedschaft mit grundsätzlich vollen Rechten und Pflichten, aber ohne die Tarifgebundenheit scheint indes im Widerspruch zu der gesetzlichen Regelung des § 3 Abs. 1 TVG zu stehen, wonach tarifgebunden u.a. die Mitglieder der Tarifvertragsparteien sind.

I. Keine Frage der Tarifzuständigkeit oder Tariffähigkeit

Das wäre indes kein Problem, wäre die Tarifzuständigkeit eines Arbeitgeberverbandes auf die „T-Mitglieder" beschränkt, also auf jene Mitglieder, die keine OT-Mitgliedschaft gewählt haben. Denn die Tarifzuständigkeit eines Verbandes markiert zugleich den äußersten möglichen Geltungsbereich eines Tarifvertrages, bei fehlender Tarifzuständigkeit eines beteiligten Verbandes ist der Tarifvertrag unwirksam.[74] Ein Tarifvertrag könnte damit schon von seinem Geltungsbereich her die OT-Mitglieder nicht erfassen.

---

72 Vgl. *Schlochauer*, FS Hromadka, 2008, 379, 381 f.

73 Vgl. BAG 26.1.2005 – 10 AZR 299/04, ZTR 2005, 367; BAG 26.8.2009 – 4 AZR 285/08, AP TVG § 3 Verbandszugehörigkeit Nr. 29; Wiedemann-*Oetker*, § 2 Rn. 143.

74 BAG 19.12.1958 – 1 AZR 109/58, AP TVG § 2 Nr. 3; BAG 24.7.1990 – 1 ABR 46/89, P TVG § 2 Tarifzuständigkeit Nr. 7; BAG 31.1.2018 – 10 AZR 695/16 (A), NZA 2018, 876; BAG 29.7.2009 – 7 ABR 27/08, NZA 2009, 1424; BAG 18.7.2006 – 1 ABR 36/05, NZA 2006, 1225, Rn. 38; Deinert/Wenckebach/Zwanziger-*Deinert*, § 11 Rn. 17; ErfK-*Franzen*, § 2 TVG Rn. 38.

Der Vorstellung einer personell beschränkten Tarifzuständigkeit[75] hat sich insoweit allerdings als verfehlt erwiesen.[76] Das BAG hat dazu in seinem Beschluss vom 18.7.2006 zutreffend ausgeführt, dass die Tarifzuständigkeit die Fähigkeit eines Verbandes betrifft, Tarifverträge mit einem bestimmten Geltungsbereich abzuschließen.[77] Dieser kann in räumlicher, betrieblicher, branchenmäßiger und persönlicher Hinsicht beschränkt sein.

Die Tarifzuständigkeit wird durch die Satzung festgelegt und ist Ausdruck der durch Art. 9 Abs. 3 GG geschützten kollektiven Koalitionsbetätigungsfreiheit. Sie kann aber nicht auf die jeweiligen Verbandsmitglieder beschränkt werden.[78] Denn dann hinge die Tarifzuständigkeit von der Entscheidung der jeweiligen Mitglieder ab, was im Hinblick auf die Funktionsfähigkeit der Tarifautonomie mit der grundrechtlichen Gewährleistung der Tarifautonomie aus Art. 9 Abs. 3 GG unvereinbar wäre.[79] Die Funktionsfähigkeit der Tarifautonomie sah das BAG insbesondere dadurch gefährdet, dass die Regelungen über Nachbindung (§ 3 Abs. 3 TVG) und über die Allgemeinverbindlicherklärung (§ 5 TVG) sowie der Tarifvorbehalt des § 77 Abs. 3 S. 1 Betriebsverfassungsgesetz (BetrVG), die jeweils an einen Tarifvertrag mit eröffnetem Geltungsbereich bei fehlender Tarifbindung knüpfen, ihrer Funktion beraubt würden.[80] Zudem fehle es bei Abhängigmachen der Tarifzuständigkeit von der Entscheidung des jeweiligen Mitgliedes an einem Mindestmaß an Transparenz, weil Dritte nicht zuverlässig allein anhand der Satzung die Tarifzuständigkeit bestimmen könnten.[81] Das BAG kam damit zu dem Ergebnis, dass es sich nicht um eine Frage der Tarifzuständigkeit handele.[82] Die Tarifzuständigkeit ist eine Eigenschaft des Verbandes, während die Frage der Verbandstarifbindung die jeweiligen Mitglieder betrifft. Dabei handelt es sich um die Frage der Tarifgebundenheit.[83]

Anerkannt dürfte im Übrigen sein, dass die OT-Mitgliedschaft nicht auf die Vorstellung einer partiellen Tarifunfähigkeit des Verbandes gestützt werden

75 Vgl. *Buchner*, NZA 1994, 2, 5 ff.

76 Vgl. auch *Pfister*, Tarifrechtliche Unwirksamkeit, 97 ff.; a.A. *Buchner*, NZA 2006,1377, 1379.

77 BAG 18.7.2006 – 1 ABR 36/05, NZA 2006, 1225; dazu *Besgen*, SAE 2007, 293 ff.

78 BAG 18.7.2006 – 1 ABR 36/05, NZA 2006, 1225, Rn. 32 ff.; BAG 21.1.2015 – 4 AZR 797/13, AP TVG § 3 Verbandszugehörigkeit Nr. 30, Rn. 50; zust. *Hinkers*, Rechte und Pflichten im Arbeitgeberverband, 128 f.; *Terhorst*, Ende der Tarifbindung, 73 ff.; *Zoglowek*, Auswirkungen innerverbandlicher Satzungsverstöße, 150 f.; *Höpfner*, ZfA 2009, 541, 545 f.

79 BAG 18.7.2006 – 1 ABR 36/05, NZA 2006, 1225, Rn. 43 ff.; vgl. bereits *Hensche*, Zur rechtlichen Zulässigkeit der OT-Mitgliedschaft, 53.

80 BAG 18.7.2006 – 1 ABR 36/05, NZA 2006, 1225, Rn. 45 ff.

81 BAG 18.7.2006 – 1 ABR 36/05, NZA 2006, 1225, Rn. 50.

82 Zu weiteren Gesichtspunkten, die gegen die Konzeption personell beschränkter Tarifzuständigkeit sprechen, vgl. *Deinert*, AuR 2006, 217, 221 f.

83 BAG 18.7.2006 – 1 ABR 36/05, NZA 2006, 1225, Rn. 35 ff.; zust. Wiedemann-*Oetker*, § 2 Rn. 105.

kann. Die Tariffähigkeit ist grundsätzlich nicht teilbar.[84] Dementsprechend kann der Verband seine Tariffähigkeit nicht auf die T-Mitglieder beschränken.[85] Er ist mithin auch für die OT-Mitglieder tariffähig.[86] Die Vorstellung im Übrigen, dass ein Arbeitgeberverband tarifunfähig sei, wenn er OT-Mitglieder beherberge,[87] konnte sich in dieser Allgemeinheit nicht durchsetzen (vgl. im Übrigen u. D. II. 1.).

II. Ausschluss der Tarifgebundenheit kraft individueller Entscheidung

In seinem Beschluss vom 18.7.2006 hat das BAG zugleich allerdings die OT-Mitgliedschaft juristisch gerettet, obwohl es dazu gar keine Veranlassung gab, zudem unter Übergehung wesentlicher Argumente aus der Literatur[88] (zur Kritik vgl. im Folgenden u. C. III.).

Die Entscheidung betraf ein Verfahren zur Klärung der Tarifzuständigkeit nach § 97 Arbeitsgerichtsgesetz (ArbGG). Das Gericht konnte dem Antrag auf Feststellung der Tarifzuständigkeit des Verbandes für den Arbeitgeber, der OT-Mitglied war, stattgeben. Da die OT-Mitgliedschaft die Tarifzuständigkeit nicht beschränkt und zudem die Satzung des Arbeitgeberverbandes im fraglichen Verfahren nicht einmal hierauf abzielte, sondern vielmehr darauf, die Tarifgebundenheit auszuschließen, hätte dem Antrag stattgegeben werden können, ohne dass eine Auseinandersetzung mit der Frage der Tarifgebundenheit geboten wäre, denn dafür ist das Verfahren nach § 97 ArbGG nicht vorgesehen, vielmehr wird die Tarifgebundenheit inzident in Individualstreitigkeiten geklärt.[89]

Dennoch hat der 1. Senat des BAG die Möglichkeit der OT-Mitgliedschaft als Mitgliedschaft unter Ausschluss einer Tarifgebundenheit anerkannt, indem er vorsorglich betonte, dass die Koalitionsbetätigungsfreiheit aus Art. 9 Abs. 3 GG die Anerkennung der OT-Mitgliedschaft als mitgliedschaftsbezogene Tarifzuständigkeitsfrage nicht fordere. Die Verbände hätten nämlich die Möglich-

---

84 *Löwisch*, ZfA 1974, 29, 34; Kempen/Zachert-*Stein*, § 2 Rn. 149 f.; *Gamillscheg*, Kollektives Arbeitsrecht I, 529.

85 *Däubler*, NZA 1996, 225; *Kittner*, AuR 1998, 469, 473; *Brahmstaedt*, Mitgliedschaft, 126 ff.; Kempen/Zachert-*Stein*, § 2 Rn. 141; krit. *Buchner*, NZA 1994, 2, 3.

86 *Buchner*, FS Arbeitsgerichtsbarkeit Rheinland-Pfalz, 1999, 332, 334; *Otto*, NZA 1996, 624, 62.

87 *Glaubitz*, NZA 2003, 140, 141 f.; a.A. *Schlochauer*, FS Schaub, 1998, 699, 705; *Thüsing/Stelljes*, ZfA 2005, 527, 544 ff. Wiedemann-*Oetker*, § 2 Rn. 26.

88 Vgl. *Deinert*, RdA 2007, 83, 85.

89 BAG 18.7.2006 – 1 ABR 36/05, NZA 2006, 1225, Rn. 40, 66; Deinert/Wenckebach/Zwanziger-*Deinert*, § 11 Rn. 8.

keit, eine Mitgliedschaft ohne Tarifgebundenheit vorzusehen, diese folge „aus der Satzungsautonomie und dem Grundsatz der Koalitionsfreiheit".[90] Die Verbandsautonomie schütze die Selbstbestimmung der inneren Organisation, sodass die Koalitionen nicht gehindert seien, unterschiedliche Rechte und Pflichten ihrer Mitglieder auszugestalten.[91] Für solche Mitglieder, die Tarifverträge nicht gegen sich gelten lassen wollten, fehle es an der notwendigen mitgliedschaftlichen Legitimation für die Tarifgebundenheit.[92] Derartig unterschiedlich ausgestaltete Mitgliedschaftsrechte verstießen nicht gegen den vereinsrechtlichen Gleichbehandlungsgrundsatz, ganz unabhängig von der Frage, welche Rechtsfolgen ein Verstoß gegen diesen mit sich brächte.[93] Mit § 3 Abs. 1 TVG sei die Anerkennung einer OT-Mitgliedschaft nicht unvereinbar. Die Bestimmung knüpfe an die Mitgliedschaft, sage aber nicht, wer Mitglied sei.[94] Sie beschränke auch nicht die Satzungsautonomie.[95] Schließlich gefährde die OT-Mitgliedschaft weder die Verhandlungsparität der Tarifvertragsparteien, von einer solchen könne nicht ausgegangen werden.[96] Noch werde die Funktionsfähigkeit der Tarifautonomie durch Intransparenz gefährdet, die Tarifgebundenheit einzelner Mitglieder müsse nicht unmittelbar erkennbar sein.[97]

Welche (satzungsmäßigen) Schranken sich im Übrigen für die Rechte der OT-Mitglieder um der Funktionsfähigkeit der Tarifautonomie willen ergeben, ließ der 1. Senat des BAG in der Entscheidung vom 18.7.2006 offen.[98] Dies war Gegenstand weiterer Entscheidungen in der Folgezeit (s.u. C. III. 3 sowie D. I. und II.).

---

90 BAG 18.7.2006 – 1 ABR 36/05, NZA 2006, 1225, Rn. 51 ff.; ferner BAG 4.6.2008 – 4 AZR 419/07, AP TVG § 3 Nr. 38, Rn. 26; zust. BAG 25.2.2009 – 4 AZR 986/07, AP TVG § 3 Nr. 40, Rn. 26; BAG 26.8.2009 – 4 AZR 294/08, AP TVG § 3 Verbandszugehörigkeit Nr. 28 (= NZA-RR 2010, 305), Rn. 31; BAG 19.6.2012 – 1 AZR 775/10, AP GG Art. 9 Arbeitskampf, Rn. 16; BAG 21.1.2015 – 4 AZR 797/13, AP TVG § 3 Verbandszugehörigkeit Nr. 30, Rn. 17.

91 BAG 18.7.2006 – 1 ABR 36/05, NZA 2006, 1225, Rn. 55.

92 BAG 18.7.2006 – 1 ABR 36/05, NZA 2006, 1225, Rn. 55.

93 BAG 18.7.2006 – 1 ABR 36/05, NZA 2006, 1225, Rn. 58; BAG 4.6.2008 – 4 AZR 419/07, AP TVG § 3 Nr. 38, Rn. 31; vgl. auch *Jacobs/Krois*, FS Reuter, 2010, 555, 556 ff.; *Konzen*, FS Kraft, 1998, 291, 318; *Thüsing/Stelljes*, ZfA 2005, 527, 548 ff.; ferner *Deinert*, RdA 2007, 83, 89; *Pfister*, Tarifrechtliche Unwirksamkeit, 39 f.

94 BAG 18.7.2006 – 1 ABR 36/05, NZA 2006, 1225, Rn. 57.

95 BAG 18.7.2006 – 1 ABR 36/05, NZA 2006, 1225, Rn. 57.

96 BAG 18.7.2006 – 1 ABR 36/05, NZA 2006, 1225, Rn. 59; ferner BAG 4.6.2008 – 4 AZR 419/07, AP TVG § 3 Nr. 38, Rn. 33; i.E. ebenso *Kobler*, Fremdeinflüsse, 152; zweifelnd auch *Deinert*, AuR 2006, 217, 223; a.A. *Berg*, AuR 2001, 393, 394; *Glaubitz*, NZA 2003, 140, 142; Däubler-*Peter/Rödl*, TVG, § 2 Rn. 144; Kempen/Zachert-*Stein*, § 2 Rn. 144. Ohnehin dürften für solche arbeitskampfrechtlichen Fragen die rechtlichen Konsequenzen im Arbeitskampfrecht zu suchen sein, *Deinert*, RdA 2007, 83, 87 ff.: anders nur, wenn die Ausgestaltung der OT-Mitgliedschaft bereits arbeitskampfrechtliche Paritätsverschiebungen zur Folge hätte. Offen bleibt diese Frage bei *Besgen*, Mitgliedschaft im Arbeitgeberverband ohne Tarifbindung, 50.

97 BAG 18.7.2006 – 1 ABR 36/05, NZA 2006, 1225, Rn. 60; zust. *Kobler*, Fremdeinflüsse, 153.

98 BAG 18.7.2006 – 1 ABR 36/05, NZA 2006, 1225, Rn. 61.

Der wirksame Wechsel in die OT-Mitgliedschaft führt dazu, dass eine Bindung an die Verbandstarifverträge ausscheidet. Demgegenüber bleibt das OT-Mitglied an Haustarifverträge mit derselben Gewerkschaft, die vom Verbandstarifvertrag abweichen, uneingeschränkt weiterhin nach § 3 Abs. 1 TVG gebunden, und zwar selbst dann, wenn solche auf Verbandstarifverträge verweisen.[99] Die bisherige Bindung an Verbandstarifverträge bleibt aber nach § 3 Abs. 3 TVG bis zu deren Ende erhalten.[100] Nach dem Ende der Nachbindung schließt sich zudem die Nachwirkung nach § 4 Abs. 5 TVG an.[101] Vgl. auch u. C. III. 3. a).

III. Brüchigkeit der Konstruktion

1. Tarifgebundenheit als Folge der Mitgliedschaft

Mit leichter Hand wird durch die Rechtsprechung die Gesetzesbindung der Gerichte beiseite gewischt. § 3 Abs. 1 TVG knüpfe zwar an die Mitgliedschaft, besage aber nicht, was eine Mitgliedschaft sei. Das aber kann schlicht als falsch bezeichnet werden. Mitgliedschaft im vereinsrechtlichen Sinn (vgl. § 38 BGB) ist die (rechtliche) Stellung einer Person infolge der Zugehörigkeit zum Verband.[102] Sie wird (soweit sie nicht durch Beteiligung an der Gründung geschaffen wird) durch Vertrag zwischen Verein und Mitglied begründet.[103] Der Gesetzeswortlaut knüpft ersichtlich an diese Vorstellung von Mitgliedschaft an.[104] Eine Differenzierung zwischen verschiedenen Formen der Mitgliedschaft ist hier nicht vorgesehen.[105] Das wird verkannt, wenn in der Literatur schlankweg behauptet wird, das Tarifvertragsrecht könne nicht mitgliedschaftliche Fragen des Vereinsrechts regeln.[106]

99 BAG 23.10.2013 – 4 AZR 703/11, NZA 2014, 262.

100 BAG 23.2.2005 – 4 AZR 186/04, AP TVG § 4 Nachwirkung Nr. 42; BAG 25.2.2009 – 4 AZR 986/07, AP TVG § 3 Nr. 40, Rn. 24 ff.; BAG 20.5.2009 – 4 AZR 230/08, AP TVG § 3 Nr. 42, Rn. 25 ff.; BAG 26.8.2009 – 4 AZR 294/08, AP TVG § 3 Verbandszugehörigkeit Nr. 28 (= NZA-RR 2010, 305), Rn. 37; BAG 15.12.2010 – 4 AZR 256/09, NZA-RR 2012, 260, Rn. 34; *Löwisch/Rieble*, § 3 Rn. 248; *Gamillscheg*, Kollektives Arbeitsrecht I, 529; *Besgen*, Mitgliedschaft im Arbeitgeberverband ohne Tarifbindung, 104 ff.; *Hinkers*, Rechte und Pflichten im Arbeitgeberverband, 148; *Ostrop*, Mitgliedschaft ohne Tarifbindung, 129 f.; *Pfister*, Tarifrechtliche Unwirksamkeit, 56; *Buchner*, NZA 1994, 2, 9; *ders.*, NZA 2006,1377, 1381; *Berg*, AuR 2001, 393, 395 f.; *Däubler*, NZA 1996, 225, 231; *Thüsing/Stelljes*, ZfA 2005, 527, 569; *Deinert*, RdA 2007, 83, 84; BKS-*Dierßen*, § 3 Rn. 50; Däubler-*Peter/Rödl*, TVG, § 2 Rn. 145.

101 BAG 23.2.2005 – 4 AZR 186/04, AP TVG § 4 Nachwirkung Nr. 42; BAG 25.2.2009 – 4 AZR 986/07, AP TVG § 3 Nr. 40, Rn. 47; BAG 20.5.2009 – 4 AZR 230/08, AP TVG § 3 Nr. 42, Rn. 47; Däubler-*Peter/Rödl*, TVG, § 2 Rn. 145; *Rhodius*, Die OT-Mitgliedschaft, 89 ff.

102 MünchKomm-*Leuschner*, § 38 Rn. 2.

103 BGH 29.6.1987 – II ZR 295/86, BGHZ 101, 193, 196.

104 *Wroblewski*, NZA 2007, 421, 422.

105 Däubler-*Peter/Rödl*, TVG, § 2 Rn. 141; *Däubler*, Rechtliche Aspekte, 13.

106 So *Terhorst*, Ende der Tarifbindung, 108 f.

Die Bindung von Mitgliedern im Sinne des Vereinsrechts entspricht auch dem Zweck der Regelung. Denn die Tarifgebundenheit soll aus der Mitgliedschaft im Arbeitgeberverband bzw. der Gewerkschaft im Hinblick darauf folgen, dass die Vereinsmitglieder durch ihren Beitritt den jeweiligen Verein zur Rechtsetzung für sich legitimiert haben.[107] Die insoweit aus verfassungsrechtlichen Gründen notwendige Legitimation sieht das *einfache Recht* (zum Verfassungsrecht s.u. C. III. 2.) bereits in der Mitgliedschaft als durch Rechtsgeschäft begründeter Zugehörigkeit zum Verband. Das entspricht zudem den Vorstellungen des historischen Gesetzgebers, der nur Mitgliedschaft und Nichtmitgliedschaft kannte.[108] Auch war gerade nicht vorgesehen, dass das Mitglied die Tarifgebundenheit gesondert goutieren muss. Wenn in der Literatur versucht wird, die Auslegung des BAG mit dem Argument zu stützen, dass in einer ursprünglichen Entwurfsfassung zum TVG von Tarifunterworfenheit die Rede gewesen sei,[109] das Mitglied sich mithin unterwerfen müsse, verkennt das schlicht den Aussagegehalt der Formulierung, die darauf zielte, das Mitglied dem Tarifvertrag zu unterwerfen. Die Tarifgebundenheit folgt kraft Gesetzes aus der Mitgliedschaft.[110] Insoweit ist für eine Berufung auf die allgemeine Rechtsgeschäftslehre kein Raum.[111] Die Rechtsfolge kraft Gesetzes ist im Übrigen auch sonst im TVG anerkannt. Die normative Wirkung nach § 4 TVG etwa tritt anerkanntermaßen ebenfalls kraft Gesetzes ein, ohne dass es eines zustimmenden Aktes der Normunterworfen bedarf.[112]

Ähnlich sieht es im Übrigen das Bundesverwaltungsgericht (BVerwG), das eine OT-Mitgliedschaft in Handwerksinnungen nicht anerkennt.[113] Im Hinblick auf die gesetzliche Konzeption ist das Gericht davon ausgegangen, dass die Handwerksordnung (HWO) nur einen einheitlichen Mitgliederbegriff kennt, sodass die Tariffähigkeit der Handwerksinnung sich auf alle Mitglieder der Innung erstreckt. Das hat zur Folge, dass alle Innungsmitglieder tarifgebunden sind. Insofern verdient Beachtung, dass das BVerwG, anders als das BAG zu den Mitgliedern des Arbeitgeberverbandes, erkennt, dass das Gesetz keine im Hinblick auf die Tarifgebundenheit differenzierten Mitgliedschaften

---

107 Vgl. etwa *Franzen*, FS Picker, 2010, 929, 930; ferner BKS-*Dierßen*, § 3 Rn. 51.

108 Vgl. m.w.N. *Wroblewski*, NZA 2007, 421, 422.

109 *Terhorst*, Ende der Tarifbindung, 107.

110 *Däubler*, ZTR 1994, 448, 453; *Deinert/Walser*, Tarifvertragliche Bindung, 31; Kempen/Zachert-*Stein*, § 2 Rn. 140; Deinert/Wenckebach/Zwanziger-*Deinert*, § 11 Rn. 7 m.W.N. Insoweit richtig zwar *Willemsen/Mehrens*, NJW 2009, 1916, 1947, die daraus allerdings die falschen Schlussfolgerungen ziehen; ähnl. auch *Rieble*, RdA 2009, 280, 281.

111 So aber HWK-*Henssler*, § 3 TVG Rn. 5.

112 Vgl. Däubler-*Deinert/Wenckebach*, § 4 Rn. 498 ff.; *Löwisch/Rieble*, § 4 Rn. 29 ff.

113 BVerwG 23.3.2016 – 10 C 23.14, NZA 2016, 779.

vorsieht.[114] Bei der Handwerksinnung kommt allerdings noch hinzu, dass deren Tariffähigkeit nach der Rechtsprechung des Bundesverfassungsgerichts (BVerfG) auf dem Zweck gründet, die organisationspolitischen Schwierigkeiten bei der Formierung eines tariffähigen Arbeitgeberverbandes zu überwinden.[115] Eine Innung, die eine OT-Mitgliedschaft einführt, konterkariert diesen Zweck.[116]

Hinsichtlich der Legitimation zur Rechtsetzung ist die autonom begründete Mitgliedschaft im jeweiligen Verband erforderlich, aber auch ausreichend. Dass der Einzelne nicht der Normsetzung durch Verbände, die er hierzu nicht legitimiert hat, unterworfen wird, liegt konzeptionell dem Tarifvertragssystem zugrunde. Die Normsetzungsmacht der Verbände beschränkt sich zunächst auf die Rechtsetzung für ihre Mitglieder.[117] Nach Ansicht des BVerfG ist dies ein historisch gewachsenes Verständnis der Verfassung, das seinerseits dem Selbstverständnis der Koalitionen entspricht.[118] Zwar ist die Tarifautonomie grundsätzlich auch auf Normsetzung für Dritte zumindest mit angelegt. Das zeigt sich an den Möglichkeiten der Allgemeinverbindlicherklärung und der Erstreckung von Tarifnormen auf Außenseiter nach § 5 TVG sowie §§ 7, 7a Arbeitnehmer-Entsendegesetz (AEntG), aber auch an der Wirkung für Außenseiter im Falle von Betriebsnormen und Betriebsverfassungsnormen (§ 3 Abs. 2 TVG) sowie im Falle der Nachgeltung nach Austritt aus dem Verband gem. § 3 Abs. 3 TVG; zudem bei der Wirkung von Tarifverträgen der Einsatzbranche zur Überlassungshöchstdauer mit Wirkung auch für die Parteien eines Leiharbeitsvertrages nach § 1 Abs. 1b S. 3 Arbeitnehmerüberlassungsgesetz (AÜG).[119] In allen diesen Fällen bedarf es aber einer anderweitigen Legitimation der Normsetzung, die regelmäßig durch staatlichen Akt erfolgt.[120]

Das OT-Mitglied möchte, was gern übersehen wird,[121] Mitglied des Arbeitgeberverbandes mit all den damit verbundenen Vorzügen sein und nicht Nicht-

---

114 Vgl. Däubler-*Peter/Rödl*, TVG, § 2 Rn.142; vgl. auch zur Problematik *Walser*, Einfluss der Rechtsordnung, 113 ff.; *Deinert/Walser*, Tarifvertragliche Bindung, 106 ff.; *Kluth*, GewArch 2013, 377 ff.; *Walser/Boor*, AuR 2016, 57 ff.

115 BVerfG 19.10.1966 – 1 BvL 24/65, BVerfGE 20, 312, 316.

116 Vgl. m.w.N. *Deinert/Walser*, Tarifvertragliche Bindung, 108.

117 BVerfG 24.5.1977 – 2 BvL 11/74, BVerfGE 44, 322, 347 f.; BAG 23.3.2011 – 4 AZR 366/09, NZA 2011, 920, Rn. 42; BAG 15.4.2015 – 4 AZR 796/13, NZA 2015, 1388, Rn. 47; vgl. auch *Kingreen*, Exklusive Tariföffnungsklauseln, 9 f.; *Höpfner*, Die Tarifgeltung im Arbeitsverhältnis, 308 ff.; *Deinert*, SR Sonderausgabe 2017, 24, 25 f.; *ders.*, Die konditionierte Allgemeinverbindlicherklärung, 13 f.

118 BVerfG 24.5.1977 – 2 BvL 11/74, BVerfGE 44, 322, 347 f.

119 Zu dieser Außenseiterwirkung vgl. BAG 14.9.2022 – 4 AZR 83/21, NZA 2023, 305.

120 *Breschendorf*, Zweiteilung der Belegschaft, 34 ff.

121 So etwa *Benecke*, in: Giesen/Junker/Rieble (Hrsg.), Ordnungsfragen des Tarifvertragsrechts, 45, 60; *Löwisch/Rieble*, § 3 Rn. 102, 145.

Mitglied.[122] Daher hinkt das Argument, dass OT-Mitglieder durch Austritt gleichermaßen die Tarifbindung abstreifen könnten.[123] Denn der Austritt ist ein *aliud* zur OT-Mitgliedschaft. Die OT-Mitgliedschaft ist hingegen ein Minus zur T-Mitgliedschaft, also eine Mitgliedschaft.[124] Austreten wollen OT-Mitglieder gerade nicht.[125] Auch umgekehrt gilt dies. OT-Mitglieder wollen nicht fernbleiben, sondern dem Verband beitreten, sodass es sich um ein Minus zur T-Mitgliedschaft und ein *aliud* zur Nichtmitgliedschaft handelt. Auch der Begriff der OT-Mitgliedschaft verrät es schon: Es geht nicht etwa um etwas anderes als eine Mitgliedschaft, sondern vielmehr darum, die tarifrechtlichen Rechtsfolgen der Mitgliedschaft auszuschließen. Das aber ist nicht möglich, da diese kraft Gesetzes eintreten.[126]

Dafür, dass § 3 Abs. 1 TVG den Verbänden die Befugnis überlässt, eine Form von Mitgliedschaft vorzusehen, die keine Tarifgebundenheit zur Folge hat, gibt es keinerlei Anhaltspunkte. Es ist im Gegenteil fernliegend, dass das Gesetz eine solche Möglichkeit eröffnen will. Die gesetzliche Regelung würde dann nämlich lauten „Mitglieder der Tarifvertragsparteien, für die das vorgesehen ist". Auch gibt es keinerlei Hinweise darauf, dass das Gesetz in § 3 TVG einen anderen Mitgliedschaftsbegriff verwendet als den üblichen vereinsrechtlichen Begriff, immerhin handelt es sich bei den Tarifvertragsparteien um Vereine. Wenn die Rechtsprechung demgegenüber bei der Gastmitgliedschaft davon ausgeht, dass es sich im tarifrechtlichen Sinne nicht um eine Mitgliedschaft handelt, sodass daraus eine Tarifgebundenheit nicht folge,[127] ist dies etwas durchaus anderes.[128] Denn die Gastmitgliedschaft ist in Wahrheit gar keine Mitgliedschaft, wenn die wesentlichen Rechte und Pflichten aus der Mitgliedschaft (Stimmrecht in der Mitgliederversammlung und Wahlrecht zu den Vereinsorganen) dem Gastmitglied nicht zukommen.[129] Eben darum genügt eine Gastmitgliedschaft den OT-Mitgliedern ja gerade nicht. Sie sind Mitglieder und wollen Mitglieder sein.[130]

---

122 Richtig z.B. *Löwisch/Rieble*, § 3 Rn. 59.

123 So LAG Rheinland-Pfalz 17.2.1995 – 10 Sa 1092/94, NZA 1995, 800, 802; LAG Düsseldorf, 11.11.2005 – 18 (11) TaBV 25/05; krit. dazu *Thüsing*, Anm. zu LAG Rheinland-Pfalz 17.2.1995 – 10 Sa 1092/94, LAGE Art. 9 GG Nr. 10; *Junker*, SAE 1997, 169, 174.

124 *Deinert*, AuR 2006, 217, 220; *ders.*, RdA 2007, 83, 86.

125 *Deinert*, AuR 2006, 217, 220.

126 S.o. Fn. 109.

127 S.o. Fn. 72.

128 Däubler-*Peter/Rödl*, TVG, § 2 Rn. 146; *Buchner*, RdA 2006, 308, 309; *Wroblewski*, NZA 2007, 421, 423.

129 BAG 16.2.1962 – 1 AZR 167/61, AP TVG § 3 Verbandszugehörigkeit Nr. 12; BAG 20.2.1986 – 6 AZR 236/84, AP ArbGG 1979 § 11 Nr. 8; BAG 26.1.2005 – 10 AZR 299/04, ZTR 2005, 367; BAG 26.8.2009 – 4 AZR 285/08, AP TVG § 3 Verbandszugehörigkeit Nr. 29; *Deinert*, AuR 2006, 217, 220; *Kobler*, Fremdeinflüsse, 151 f.

130 *Deinert*, AuR 2006, 217, 220; *ders.*, RdA 2007, 83, 86; vgl. auch *Höpfner*, ZfA 2009, 541, 544.

Schutz vor Normwirkungen durch Tarifverträge für Außenseiter begründet dabei nicht die negative Koalitionsfreiheit.[131] Vielmehr können die Tarifvertragsparteien von sich aus ohnehin keine Normen für Außenseiter schaffen, solange die Tarifnormen nicht durch staatlichen Akt auf die Außenseiter erstreckt werden.[132] Schutz vor Belastungen durch solche Tarifverträge gewährleisten damit nicht die negative Koalitionsfreiheit, sondern die durch die Tarifnormen jeweils berührten Grundrechte.[133] Ganz abgesehen davon macht ein OT-Mitglied gerade nicht von einem Fernbleiberecht Gebrauch, sondern vom positiven Recht zu koalieren, entweder durch Beitritt oder Verbleib.[134] Das OT-Mitglied nutzt damit nicht seine negative Koalitionsfreiheit.[135]

Ein differenziertes Verständnis von Mitgliedschaft im Sinne der Rechtsprechung lässt sich vor den Regelungen des einfachen Rechts nur begründen, wenn aus verfassungsrechtlichen Gründen ein solches Verständnis geboten ist, § 3 Abs. 1 TVG also verfassungskonform dahingehend auszulegen ist, dass sich die Tarifgebundenheit nur auf die Mitglieder beschränkt, die diese nicht ablehnen (sogleich u. b)). Ein solches lässt sich auch nicht mit der Erwägung rechtfertigen, dass § 3 Abs. 1 TVG lediglich eine Begrenzung der Reichweite der Normsetzungsbefugnis der Tarifvertragsparteien enthalte.[136] Wollte man diese Regelung so verstehen, müsste in den Gesetzeswortlaut ein „nur" hineingelesen werden, das dort nicht steht.[137] § 3 Abs. 1 TVG regelt die Tarifgebunden-

131 BVerfG 11.7.2006 – 1 BvL 4/00, AP GG Art. 9 Nr. 129; BAG 26.8.2009 – 4 AZR 285/08, AP TVG § 3 Verbandszugehörigkeit Nr. 29, Rn. 29; BAG 14.9.2022 – 4 AZR 83/21, NZA 2023, 305, Rn. 56; *Klocke*, Tarifautonomie und Außenseiter, 329 ff.; *Gamillscheg*, Kollektives Arbeitsrecht I, 376; Jacobs/Krause/Oetker/Schubert-*Krause*, § 1 Rn. 52; Däubler-*Lakies/Rödl*, § 5 Rn. 47; *Borchard*, Verfassungsrechtliche und einfachgesetzliche Grenzen, 53 ff.; *Walser*, Einfluss der Rechtsordnung, 39 ff.; *Löwisch/Rieble*, § 5 Rn. 149; *Deinert*, RdA 2014, 129, 133 f.; für das Recht der EMRK: EGMR 2.6.2016 – 23646/09, NZA 2016, 1519, Rn. 54 – Geotech Kancev. Relativierend *Höpfner*, Die Tarifgeltung im Arbeitsverhältnis, 341 ff.; a.A. *Bauer/Haußmann*, RdA 2009, 99, 104 f.; *Besgen*, SAE 2000, 141; *Hartmann/Lobinger*, NZA 2010, 421 ff.; *Hartmann*, Negative Tarifvertragsfreiheit, 212 ff.; *Henssler*, RdA 2021, 1, 5 f.; *Rieble*, RdA 2009, 280, 281; *Sittard*, Voraussetzungen und Wirkungen der Tarifnormerstreckung, 42 ff.; *Brahmstaedt*, Mitgliedschaft, 211 ff.; *Pfister*, Tarifrechtliche Unwirksamkeit, 180 ff.

132 Vgl. etwa *Bayreuther*, Tarifautonomie als kollektiv ausgeübte Privatautonomie, 92 ff.

133 *Deinert*, SR Sonderausgabe 2017, 24, 25; *Hellermann*, Die sogenannte negative Seite der Freiheitsrechte, 234 ff.; *Schubert*, RdA 2001, 199, 206 f.; *Hartmann/Lobinger*, NZA 2010, 421, 422; *Deinert*, RdA 2014, 129, 133; ferner BVerfG 24.5.1977 – 2 BvL 11/74, BVerfGE 44, 322, 348; *Gamillscheg*, Kollektives Arbeitsrecht I, 377. *Hartmann*, Negative Tarifvertragsfreiheit, 212 ff., sieht allerdings neben der Arbeitsvertragsfreiheit und dem Demokratieprinzip auch die negative Koalitionsfreiheit angesprochen.

134 Vgl. *Hensche*, NZA 2009, 815, 819.

135 Vgl. *Junker*, Zulässigkeit und Rechtsfolgen der Mitgliedschaft ohne Tarifbindung, 29; *Otto*, NZA 1996, 624, 628; *Schlochauer*, FS Schaub, 1998, 699, 711; das übersehen viele, etwa *Benecke*, in: Giesen/Junker/Rieble (Hrsg.), Ordnungsfragen des Tarifvertragsrechts, 45, 60; *Farouq*, Verfassungsrechtliche Vorgaben, 185, 192 ff.

136 LAG München, 12.4.2005 – 11 TaBV 33/04, Rn. 53; *Besgen*, Mitgliedschaft im Arbeitgeberverband ohne Tarifbindung, 99; *Junker*, SAE 1997, 169, 179; *Thüsing*, ZTR 1996, 481, 483; ähnl. auch LAG Hamm 13.1.2006 – 10 TaBV 123/05; *Brahmstaedt*, Mitgliedschaft, 100 ff.

137 *Deinert*, AuR 2006, 217, 219; in eben diesem Sinne aber ausdrücklich etwa *Junker*, SAE 1997, 169, 179.

heit und nicht die Normsetzungsbefugnis der Tarifparteien.[138] Richtig ist zwar, worauf unter der Lehre der personell beschränkten Tarifzuständigkeit hingewiesen wurde, dass allein die Tarifgebundenheit noch nicht zur Anwendbarkeit eines Tarifvertrages führt,[139] sondern weitere Voraussetzungen hinzukommen müssen, wie etwa Tarifzuständigkeit des Verbandes. Darum geht es an dieser Stelle aber gar nicht. § 3 Abs. 1 TVG regelt jedenfalls mehr als einen Ausschluss möglicher Rechtsetzung für Außenseiter.

Insoweit ist auch die Behauptung des BAG, die Regelung des § 3 Abs. 1 TVG beschränke nicht die Satzungsautonomie, keineswegs überzeugend.[140] Denn es handelt sich insoweit schlicht um eine Behauptung. Das Gegenteil aber ist richtig. § 3 Abs. 1 TVG will alle Mitglieder der Tarifvertragsparteien an den Tarifvertrag binden und sieht gerade nicht vor, dass die Tarifvertragsparteien durch die Satzung Formen der Mitgliedschaft gestalten, die von dieser Rechtsfolge ausgeschlossen sind. Auch insoweit bleibt allein die Frage, ob die verfassungsrechtlich gewährleistete Koalitionsfreiheit durch eine solche gesetzliche Rechtsfolge in unzulässiger Weise eingeschränkt würde (sogleich u.2.).

2. Satzungsautonomie und Legitimation der Rechtsetzung

Bemerkenswert ist, dass die Rechtsprechung die Möglichkeit der Einrichtung der OT-Mitgliedschaft auf die Satzungsautonomie stützt,[141] dabei allerdings nicht ohne Rückgriff auf den individuellen Legitimationsakt auskommt. Die Satzungsautonomie bezieht sich auf die Regelung innerer Angelegenheiten. Sie erstreckt sich grundsätzlich aber nicht auf die Regelung der Rechtsverhältnisse Dritter.[142] Darauf aber liefe es hinaus, wenn die Verbände durch ihre Satzung regeln könnten, dass die gesetzlich vorgesehene Rechtsfolge der Tarifgebundenheit, die die Voraussetzung der Tarifnormgeltung ist, für bestimmte Mitglieder nicht eintreten soll.[143]

---

138 *Danz*, Die Mitgliedschaft im Arbeitgeberverband ohne Tarifbindung, 67; *Hensche*, Zur rechtlichen Zulässigkeit der OT-Mitgliedschaft, 20.

139 *Thüsing/Stelljes*, ZfA 2005, 527, 539 f.

140 Krit. auch bei *Hensche*, NZA 2009, 815, 817 f.

141 Ebenso LAG Rheinland-Pfalz, 17.2.1995 – 10 Sa 1092/94, NZA 1995, 800; *Buchner*, NZA 1995, 761, 768; *Kissel*, Arbeitskampfrecht, § 7 Rn. 15; *Otto*, NZA 1996, 624, 628.

142 Vgl. BVerfG 4.7.1995 – 1 BvF 2/86 u.a., AP AFG § 116 Nr. 4; BVerfG 24.2.1999 – 1 BvR 123/93, AP BetrVG 1972 § 20 Nr. 18.

143 *Deinert*, AuR 2006, 217, 223; *ders.*, RdA 2007, 83, 85; vgl., allerdings mit anderer Konsequenz, *Kittner*, AuR 1998, 469, 473.

a) Reichweite der Satzungsautonomie

Durch die Rechtsprechung des BAG wird die Satzungsautonomie, ein Gewährleistungsgehalt der Koalitionsfreiheit, in ein Instrument zur Erschwerung der Verwirklichung des Koalitionszwecks, und zwar des Koalitionszwecks des sozialen Gegenspielers, verwandelt.[144] Es ist zwar richtig, dass sich aus der Gestaltung innerer Angelegenheiten Rechtsfolgen für Dritte ergeben können. Das folgt aber nicht unmittelbar aus der Satzung, sondern vielmehr aus Rechtsnormen, die diese Rechtsfolgen anordnen, wie dies etwa bei § 3 Abs. 1 TVG geschehen ist. Die Aufnahme eines Mitglieds in den Verband hat danach die von § 3 Abs. 1 TVG angeordnete Folge, dass dieses Mitglied an den Tarifvertrag gebunden ist. Letztlich gilt nichts anderes für die Tarifzuständigkeit. Außerhalb der durch die Satzung bestimmten Tarifzuständigkeit können keine wirksamen Tarifverträge geschlossen werden. Die Tarifzuständigkeit hat damit Außenwirkung auch für die potenziell Normunterworfenen.

Eine entsprechende Außenwirkung der Satzungsbestimmungen bedürfte aber der gesetzlichen Anordnung, weil das Satzungsrecht als Innenrecht nur für die Mitglieder des Verbandes gilt.[145] Daran fehlt es aber im Hinblick auf die Möglichkeit, die Tarifbindung für bestimmte Mitglieder auszuschließen.

b) Legitimation durch Rechtsgeschäft

Da die Satzungsautonomie grundsätzlich nicht die Möglichkeit beinhaltet, Regelungen mit Außenwirkung zu schaffen, könnte sie vom Verband nur genutzt werden, wenn der Ausschluss der Tarifbindung für eine Gruppe von Mitgliedern von der Rechtsordnung grundsätzlich vorgesehen wäre und der Verband dementsprechend regelt, für welche Art von Mitgliedschaft ein solcher Ausschluss vorgesehen ist. Hier kommt nun der Rückgriff des BAG auf den individuellen Legitimationsakt ins Spiel. Das Gericht nimmt an, aus der Verfassung folge, dass der Einzelne darüber entscheiden können muss, ob er an Tarifverträge gebunden ist oder nicht. Das wiederum ist grundsätzlich zwar richtig, weil niemand im demokratischen Rechtsstaat einer Rechtsnorm ohne entsprechende Legitimation unterworfen werden kann.[146] Diese Legitimation kann mitgliedschaftlich bewirkt sein (durch Verbandsbeitritt) oder demokratisch (durch demokratisch legitimierte Rechtsnormen, die gegebenenfalls auch tarifvertragliche Normen auf diejenigen, die die tarifliche Normsetzung nicht legitimiert haben, erstrecken bzw. auf deren Grundlage solche Erstreckungen erfolgen).[147] Für normativ wirkende tarifliche Arbeitsbedingungen bedarf es

---

144 *Hensche*, NZA 2009, 815, 816.

145 Vgl. MünchKomm-*Leuschner*, § 25 Rn. 57; das übersieht *Höpfner*, RdA2025, 219, 220.

146 *Deinert*, SR Sonderausgabe 2017, 24, 25; vgl. *Höpfner*, Die Tarifgeltung im Arbeitsverhältnis, 360 ff.

147 Vgl. etwa *Bayreuther*, Tarifautonomie als kollektiv ausgeübte Privatautonomie, 92 ff.; *Walser*, Einfluss der Rechtsordnung, 47 f.; *Höpfner*, Die Tarifgeltung im Arbeitsverhältnis, 308 ff.

aber nicht zweier Legitimationsakte. Vielmehr ist die Legitimation bereits durch Verbandsbeitritt erfolgt.[148] Das sieht das Gericht grundsätzlich ebenso, geht aber davon aus, dass der Verbandsbeitritt nur im Zweifel die Unterwerfung unter die tarifliche Normsetzungsbefugnis bedeute. Das Mitglied soll aber in der Lage sein, auf die Legitimation zu verzichten:

> *„An der mitgliedschaftlichen Legitimation für die Tarifgebundenheit bestimmter Mitglieder fehlt es aber, wenn diese grundsätzlich nicht bereit sind, die Tarifverträge gegen sich gelten zu lassen.“*[149]

Woher diese Erkenntnis kommt, bleibt schleierhaft. Das BAG beruft sich auf die „Tarifautonomie als kollektive Privatautonomie“, die sich entscheidend auf mitgliedschaftliche Legitimation gründe.[150] Die Lehre von der kollektiven Privatautonomie vermag aber zur Lösung der Problematik an sich gar nichts beizutragen. Denn das gesetzlich geregelte Tarifvertragssystem lässt für die Tarifnormwirkung nach §§ 3, 4 TVG genügen, dass zwei tariffähige Verbände einen Tarifvertrag wirksam geschlossen haben, das Arbeitsverhältnis in den Anwendungsbereich des Tarifvertrages fällt und die Arbeitsvertragsparteien tarifgebunden infolge privatautonom begründeter Mitgliedschaft (bzw. im Fall des Firmentarifvertrags infolge Abschlusses des Tarifvertrags durch den Arbeitgeber) sind. Die Regelungen des TVG stellen die notwendige und von Verfassungs wegen geforderte[151] gesetzliche Ausgestaltung des Tarifvertragssystems dar. Das Verfassungsrecht macht insoweit keine inhaltlichen Vorgaben. Das hat das BVerfG (allerdings mit Blick auf die Tarifnormenwirkung) ebenso gesehen. Die Tarifautonomie verlange die rechtsverbindliche Wirkung der Tarifverträge für die Tarifgebundenen. Die konkrete Art der Umsetzung sei verfassungsrechtlich aber nicht vorgegeben, ihr werde fachrechtlich durch § 4 TVG Rechnung getragen.[152] Es genügt vor diesem Hintergrund, wenn die einfachrechtlichen Tatbestandsvoraussetzungen für die Tarifgebundenheit erfüllt sind.[153]

---

148 S.o. Fn. 106.

149 BAG 18.7.2006 – 1 ABR 36/05, NZA 2006, 1225, Rn. 55.

150 BAG 18.7.2006 – 1 ABR 36/05, NZA 2006, 1225, Rn. 55.

151 BVerfG 18.11.1954 – 1 BvR 629/52, BVerfGE 4, 96; näher etwa *Klocke*, Tarifautonomie und Außenseiter, 160 ff.

152 BVerfG 11.12.2024 – 1 BvR 1109/21 und 1 BvR 1422/23, AP GG Art. 9 Nr. 157 (= NZA 2025, 493), Rn. 108.

153 Vgl. *Danz*, Die Mitgliedschaft im Arbeitgeberverband ohne Tarifbindung, 69 f.; *Franzke*, OT-Mitgliedschaften, 204 ff.; BKS-*Dierßen*, § 3 Rn. 42; *Däubler*, ZTR 1994, 448, 453; *ders.*, NZA 1996, 225, 231; *Deinert*, AuR 2006, 217, 219; *Glaubitz*, FS Stege, 1997, 39, 47; *ders.*, NZA 2003, 140, 142 f.; *Hensche*, NZA 2009, 815, 818; ähnl. auch *Wroblewski*, NZA 2007, 421, 423.

Ein Arbeitgeber, der den gesetzlich vorgesehenen Eintritt der Tarifgebundenheit nicht wünscht, kann die Legitimationswirkung des vereinsrechtlichen Beitrittsaktes nicht durch Erklärung, die Rechtsfolgen nicht zu wünschen, verhindern (*protestatio facto contraria non valet*).[154]

Angesichts der gesetzlich vorgesehenen Tarifgebundenheit der Mitglieder der Arbeitgeberverbände und Gewerkschaften ist es wenig überraschend, wenn die bisherigen Verfechter der Lehre von der personell beschränkten Tarifzuständigkeit etwas durch die Kehrtwende der Rechtsprechung überrascht wurden (sie hatten vorher nämlich selbst nicht an eine solche Möglichkeit gedacht). Sie gingen zwar davon aus, dass die Normsetzung durch Tarifparteien einer Legitimierung seitens der Mitglieder bedürfe (s.o. A). Implizit nahm man allerdings an, dass dies nicht unverhohlen durch bloßes Verweigern der Tarifbindung möglich sei, sondern bemühte die Möglichkeit der Beschränkung der Tarifzuständigkeit, sodass in der Tat die Normsetzung nicht legitimiert wäre durch Mitgliedschaft in einem Verband, der für die betreffenden Mitglieder nicht zuständig ist. Dieser Kunstgriff ist bei dem gewählten neuen Modell gar nicht mehr nötig. Die Verteidigung der bisherigen Linie blieb daher halbherzig, der Wandel zur handstreichartig begründeten neuen h.M. wurde sogleich nachvollzogen.[155] Teils unverblümt wird ungeachtet jeder gesetzlichen Regelung davon ausgegangen, dass aus der Koalitionsfreiheit das Recht folge, Tarifverbindungen abzulehnen.[156] Dabei hat es keinen misstrauisch gemacht, dass bis zur Entscheidung des BAG vom 18.7.2006[157] niemand, nicht einmal das BAG selber, davon ausgegangen war, dass zur Mitgliedschaftsbegründung ein weiterer Akt der Tarifunterwerfung hinzutreten müsse. Selbst *Buchner*, der sich darauf gestützt hatte, dass der Tarifvertrag durch die Mitglieder legitimiert werden müsse,[158] ist nicht in den Sinn gekommen, dass allein durch die Form der gewünschten Mitgliedschaft die Rechtsfolge des Gesetzes ausgeschlossen werden könne.

c) Bedeutung der Theorie von der kollektiven Privatautonomie

Etwas anderes ließe sich entgegen der gesetzlichen Konzeption nur begründen, wenn diese gesetzliche Ausgestaltung verfassungswidrig wäre. Davon scheint das BAG in der Tat auszugehen, wenn es sich auf den „Grundsatz der Koalitionsfreiheit“[159] (gemeint ist wohl das Grundrecht der Koalitionsfreiheit)

---

154 *Waltermann*, ZfA 2000, 53, 76 f.; *ders.*, FS Söllner, 2000, 1251, 1269; *Deinert*, AuR 2006, 217, 221; a.A. *Höpfner*, Die Tarifgeltung im Arbeitsverhältnis, 322 ff.; *Terhorst*, Ende der Tarifbindung, 70.

155 Vgl. etwa *Besgen*, SAE 2000, 141 ff.; *Buchner*, NZA 2006, 1377 ff.; *Schlochauer*, FS Hromadka, 2008, 379, 385 ff.; Wiedemann-*Oetker*, § 2 Rn. 142, 145.

156 So etwa *Löwisch/Rieble*, § 3 Rn. 59, 65.

157 S.o. Fn. 17.

158 Vgl. etwa *Buchner*, NZA 1995, 761, 766 ff.

159 BAG 18.7.2006 – 1 ABR 36/05, NZA 2006, 1225, Rn. 51.

und die kollektive Privatautonomie beruft. Der Sache nach würde das bedeuten, dass der Einzelne das Recht hat, über den Beitritt zum Verband hinaus zu entscheiden, ob Tarifnormen für ihn gelten sollen oder nicht. Einen konkreten, so dezidierten Grundsatz enthält die Verfassung allerdings nicht. Er lässt sich nicht aus der Koalitionsfreiheit ableiten. Diese enthält zwar neben dem Recht, einer Koalition beizutreten, auch das Recht, ihr fernzubleiben.[160] Folgt aber schon aus dem Fernbleiberecht nicht, dass man keinesfalls an tariflich vereinbarte Arbeitsbedingungen gebunden ist,[161] folgt dies erst recht nicht aus der positiven Koalitionsfreiheit im Sinne eines Rechts, Koalitionen zu gründen und ihnen beizutreten.

Auch wenn anerkannt ist, dass Koalitionen nicht zwingend tariffähig sein müssen, und die positive Koalitionsfreiheit auch Errichtung von und Beitritt zu nicht tariffähigen Koalitionen schützen mag,[162] gibt es doch keinen Anhaltspunkt dafür, dass es unter verfassungsrechtlichem Schutz steht, einer tariffähigen Koalition beizutreten, ohne an die Tarifverträge dieser Koalition gebunden sein zu wollen.

Die kollektive Privatautonomie ist ein schillernder Begriff. Er lässt sich auf verschiedene Weise deuten.[163] Er erklärt, wie eine strukturelle Ungleichgewichtslage durch kollektives Handeln überwunden werden kann. Auch das BVerfG verwendet diese Lehre zur Begründung des Ausgleichs struktureller Ungleichgewichtslagen im Wege kollektiven Verhandelns und leitet daraus eine Richtigkeitsvermutung des Tarifvertrages her.[164] Das BAG hat sie weithin übernommen, sie wird allerdings letztlich als bloße Floskel verwendet und mit dem Begriff der Tarifautonomie gleichgesetzt.[165] So findet es sich auch in der jüngsten Entscheidung des BVerfG zur Grundrechtsbindung der Tarifvertragsparteien. Dort heißt es, die Tarifvertragsparteien sollten „nach dem Willen des Grundgesetzes bei der tariflichen Normsetzung im Wege kollektiv ausgeübter Privatautonomie frei sein."[166] Aber auch das BVerfG verwendet hier nur eine Formulierung ohne eigenständige Begründung und (wohl) auch ohne inhaltliche

160 Vgl. z.B. BVerfG 14.11.1995 – 1 BvR 601/92, BVerfGE 93, 352, 357.

161 BVerfG 11.7.2006 – 1 BvL 4/00, AP GG Art. 9 Nr. 129; Däubler-*Lakies/Rödl*, § 5 Rn. 47.

162 *Rhodius*, Die OT-Mitgliedschaft, 34; *Terhorst*, Ende der Tarifbindung, 86 ff.; *Thüsing/Stelljes*, ZfA 2005, 527, 533 ff.; allg. ErfK-*Linsenmaier*, Art. 9 GG Rn. 21 ff.

163 Überblick bei *Ulber*, NZA 2025, 918, 921 ff.

164 BVerfG 11.12.2024 – 1 BvR 1109/21 und 1 BvR 1422/23, AP GG Art. 9 Nr. 157 (= NZA 2025, 493), Rn. 1.

165 Vgl. etwa BAG 18.7.2006 – 1 ABR 36/05, NZA 2006, 1225, Rn. 55; BAG 7.7.2010 – 4 AZR 549/09, AP GG Art. 9 Nr. 140, Rn. 68 f.; BAG 8.12.2010 – 7 ABR 98/09, AP BetrVG 1972 § 99 Nr. 62, Rn. 45, 53; BAG 25.9.2013 – 4 AZR 173/12, AP TVG Tarifverträge: Musiker Nr. 26, Rn. 72.

166 BVerfG 11.12.2024 – 1 BvR 1109/21 und 1 BvR 1422/23, AP GG Art. 9 Nr. 157 (= NZA 2025, 493), Rn. 5; ähnl. ferner Rn. 108, 138, 144 f., 197 f., *passim*.

Festlegung.[167] Keineswegs aber kann diese Theorie dafür herhalten, kollektive Rechte unter Berufung auf individuelle Privatautonomie einzuschränken[168].[169] Dadurch würde verkannt, dass die Tarifautonomie als kollektives Grundrecht der Koalitionen mehr ist als die Summe der Privatautonomie ihrer Mitglieder.[170] Dass die Verfassung die Tarifautonomie in dieser Weise nicht versteht, folgt schon daraus, dass Art. 9 Abs. 3 GG, anders als die Privatautonomie, gleichviel, ob Letztere aus Art. 12 Abs. 1 GG oder Art. 2 Abs. 1 GG hergeleitet wird,[171] nicht unter Gesetzesvorbehalt steht. Die Verwendung des Begriffes der kollektiven Privatautonomie sollte daher zurückhaltend erfolgen und nur als Funktionsbeschreibung verstanden, nicht aber als subsumtionsfähiger Rechtssatz verwendet werden.[172] Mehr aber, als dass Tarifnormen das Ergebnis kollektiv ausgeübter Privatautonomie sind, indem sie im Grundsatz nur für diejenigen wirken können, die in dieser Weise ihre Privatautonomie durch Koalitionsbeitritt auf eine kollektive Ebene gehoben haben, lässt sich aus der Lehre von der kollektiven Privatautonomie nicht ableiten.[173]

d) Infragestellung der Theorie der kollektiven Privatautonomie durch das BVerfG?

Es wird ohnehin bezweifelt, dass die Legitimation tariflicher Normsetzung durch Mitgliedschaft nach der Entscheidung des BVerfG zur Grundrechtsbindung der Tarifvertragsparteien noch haltbar ist.[174] Das Gericht hat die Tarifautonomie zwar als kollektive Privatautonomie bezeichnet, diese aber der kollektiven Koalitionsfreiheit zugeordnet. Tarifautonomie unter Einschluss von Bestand und Anwendung abgeschlossener Tarifverträge und die Möglichkeit, sich auf die Ergebnisse der ausgehandelte Vereinbarungen zu berufen, hat das Gericht als Teil der koalitionsmäßigen Betätigung und damit als Aspekt der kollektiven Koalitionsfreiheit verstanden.[175] So gesehen würde die Tarifnorm-

167 *Däubler*, jurisPR-ArbR 17/2025, Anm. 1.

168 So etwa *Picker*, System, 130 f., 132, 269 ff.; *Bayreuther*, Tarifautonomie als kollektiv ausgeübte Privatautonomie, 57 ff., 657 ff.

169 *Klocke*, Tarifautonomie und Außenseiter, 199 ff.; *Rödl*, WSI-Mitt. 2023, 168, 170.

170 *Ulber*, NZA 2025, 918, 920.

171 Vgl. BVerfG 6.6.2018 – 1 BvL 7/14 u.a., BVerfGE 149, 126.

172 Deinert/Wenckebach/Zwanziger-*Deinert*, § 1 Rn. 24; wie hier, bezogen auf die Frage der OT-Mitgliedschaft, auch *Hensche*, NZA 2009, 815, 818. Krit. auch *Wiedemann*, BB 2013, 1397 ff.; *Waltermann*, RdA 2014, 86, 88; *ders.*, FS Hoyningen-Huene, 549, 551 f.; *Däubler*, KJ 2014, 372 ff.; *Deinert/Walser*, AuR 2015, 386, 387.

173 Genau genommen folgt nicht einmal dies aus der Lehre von der kollektiven Privatautonomie. Zumindest nach der Rechtsprechung (BAG 28.1.1955 – GS 1/54, AP GG Arbeitskampf Art. 9 Nr. 1) sind Außenseiter berechtigt, dem Streikaufruf einer Gewerkschaft zu folgen. Auch sie wollen daher das Kollektiv, mit dem sie handeln, für sich verhandeln lassen und mithin kollektiv ihre Privatautonomie ausüben. So ließe es sich auch rechtfertigen, dass Tarifnormen für diese Außenseiter gelten.

174 *Ulber*, NZA 2025, 918, 921 f.

175 BVerfG 11.12.2024 – 1 BvR 1109/21 und 1 BvR 1422/23, AP GG Art. 9 Nr. 157 (= NZA 2025, 493), Rn. 138 ff.

wirkung im Einzelarbeitsverhältnis vor allem als Grundrecht der Koalition zu verstehen sein, mit der Folge, dass die Lehre von der kollektiven Privatautonomie jedenfalls nicht zur Rechtfertigung von Einschränkungen im Hinblick auf die Unerwünschtheit für den Einzelnen taugt. Zwar hat das Gericht die Möglichkeit, sich individualrechtlich auf die „Früchte" der kollektiv ausgeübten Privatautonomie zu berufen, als Erweiterung der individuellen Freiheit der Tarifgebundenen angesehen,[176] sich in diesem Zusammenhang aber nicht mit der Legitimation tariflicher Normsetzung auseinandergesetzt. An anderer Stelle heißt es allerdings, der Geltungsgrund des Tarifvertrages liege im privatautonomen Verbandsbeitritt der Koalitionsmitglieder.[177] Doch scheint dies eher die Geltung des Tarifvertrages im Allgemeinen zu betreffen, wie dies auch einfach-rechtlich in § 3 Abs. 1 TVG zum Ausdruck kommt. Im Verständnis des BVerfG scheint vielmehr der Einzelne im Fortgang auch unerwünschter kollektiver Normsetzung ausgesetzt: Wer der Tarifnormsetzung (im Allgemeinen durch Beitritt) ausgesetzt ist, muss deren Inhalte hinnehmen: „Die Tarifvertragsparteien sind sogar befugt, Regelungen zu treffen, die die Betroffenen im Einzelfall für ungerecht halten und die für Außenstehende nicht zwingend sachgerecht erscheinen".[178] Das Korrektiv ist dann die Begrenzung der Rechtsetzungsmacht durch die Grundrechte der Mitglieder der Tarifvertragsparteien.[179]

Eine solche Vorstellung, die mit der verbreiteten Annahme der Legitimation tarifvertraglicher Rechtsetzung durch kollektive Privatautonomie bricht, indem die Rechtsetzungsgewalt der Tarifvertragsparteien unmittelbar der Verfassung entnommen wird, wird auch in der jüngeren Literatur vertreten. Danach folgt die Antwort auf die Frage, für welche Personen Tarifnormen wirken (müssen), nicht aus Beitrittsentscheidungen, sondern aus Art. 9 Abs. 3 GG.[180]

Freilich hat das BVerfG keineswegs eindeutig in dieser Weise mit der Vorstellung der Legitimation tarifvertraglicher Rechtsetzung durch kollektiv ausgeübte Privatautonomie gebrochen. Immerhin ist die Rechtsprechung des Verfassungsgerichts bislang immer davon ausgegangen, dass die Anwendung von

---

176 BVerfG 11.12.2024 – 1 BvR 1109/21 und 1 BvR 1422/23, AP GG Art. 9 Nr. 157 (= NZA 2025, 493), Rn. 47 f.

177 BVerfG 11.12.2024 – 1 BvR 1109/21 und 1 BvR 1422/23, AP GG Art. 9 Nr. 157 (= NZA 2025, 493), Rn. 211.

178 BVerfG 11.12.2024 – 1 BvR 1109/21 und 1 BvR 1422/23, AP GG Art. 9 Nr. 157 (= NZA 2025, 493), Rn. 160.

179 BVerfG 11.12.2024 – 1 BvR 1109/21 und 1 BvR 1422/23, AP GG Art. 9 Nr. 157 (= NZA 2025, 493), Rn. 161 ff.

180 *Ulber*, SR 2025,119, 126; *Klocke*, Tarifautonomie und Außenseiter, 269 ff.; *Rödl*, WSI-Mitt. 2023, 168 ff.; *ders.*, SR 2022, 217, 219 ff.; ähnl. auch Däubler-*Däubler*, TVG, Einl. Rn. 145; *ders.*, jurisPR-ArbR 17/2025, Anm. 1.

Tarifnormen auf Außenseiter einer besonderen Legitimation bedürfe, etwa im Falle der Allgemeinverbindlicherklärung.[181] Auch in der Entscheidung zur Bindung der Tarifvertragsparteien an den Gleichheitssatz hat das BVerfG wie gesagt den Geltungsgrund der Tarifnormen auf den Verbandsbeitritt gestützt. Wäre beabsichtigt gewesen, die personelle Reichweite der Regelungsmacht der Tarifvertragsparteien in so radikaler Weise zu erweitern, hätte man hier deutlichere Worte erwarten dürfen.

e) Zwischenergebnis

Das BAG hat die OT-Mitgliedschaft als Frage der Tarifgebundenheit begriffen und ist von einem verfassungsrechtlichen Erfordernis zur Ermöglichung dieser Form der Mitgliedschaft durch die Verbände mit der Erwägung ausgegangen, dass Tarifnormen der privatautonomen Legitimation durch das Mitglied bedürften. Dabei kann dahingestellt bleiben, ob die Theorie der kollektiven Privatautonomie durch das BVerfG zugunsten einer verfassungsunmittelbaren Normsetzungsbefugnis der Tarifvertragsparteien der Rechtsgeschichte überantwortet wurde. Jedenfalls verlangt eine verfassungsrechtlich erforderliche privatautonome Legitimation der Normsetzung nicht mehr, als die Ausgestaltung durch das TVG vorsieht: Durch Gründung der bzw. Beitritt zur Koalition ist die Normsetzung für die Koalitionsmitglieder legitimiert. Die Koalitionsfreiheit verlangt nicht, dass Arbeitgeber die Möglichkeit haben, Mitglied eines Tarifträgerverbandes zu sein, ohne an die von diesem geschlossenen Tarifverträge gebunden zu sein. Damit erweist sich die Rechtsprechung des BAG als *contra legem*, indem in das Gesetz eine Voraussetzung für die Tarifgebundenheit vermeintlich „verfassungskonform" hineingelesen wird, die weder aus verfassungsrechtlichen Gründen geboten noch mit dem Gesetzesbefehl vereinbar ist.

3. Funktionsfähigkeit der Tarifautonomie im Konzept der Rechtsprechung

Das BVerfG hat bereits früh in seiner Rechtsprechung hervorgehoben, dass aus der Koalitionsfreiheit und der mit ihr gewährleisteten Tarifautonomie die staatliche Aufgabe zur Bereitstellung eines funktionsfähigen Tarifvertragssystems folge.[182] Das erfordert, dass den Tarifvertragsparteien ein rechtlicher Rahmen zur Verfügung steht, der es ihnen ermöglicht, durch Verhandlungen ausgewogene, den beiderseitigen Interessen möglichst angemessene Arbeits- und

181 BVerfG 24.5.1977 – 2 BvL 11/74, BVerfGE 44, 322.
182 BVerfG 18.11.1954 – 1 BvR 629/52, BVerfGE 4, 96.

Wirtschaftsbedingungen festzulegen.[183] Dies sichert die durch Art. 9 Abs. 3 GG intendierte autonome Ordnung des Arbeitslebens durch die Koalitionen im öffentlichen Interesse.[184] Wenn das Tarifsystem diesen Anforderungen nicht mehr genügt, ist die verfassungsrechtliche Gewährleistung der Koalitionsfreiheit verletzt. Dabei kann es keine Rolle spielen, ob die Funktionsfähigkeit des Systems durch gesetzliche Regelungen oder gerichtliche Entscheidungen, insbesondere im Rahmen des gesetzesvertretenden Richterrechts, infrage gestellt ist. Es ist damit Aufgabe auch der Gerichte, das Tarifvertragsrecht so auszulegen und fortzubilden, dass die Funktionsfähigkeit der Tarifautonomie gewährleistet ist.

Das BAG hat die Bedenken der Gewerkschaft hinsichtlich der Funktionsfähigkeit der Tarifautonomie durch die Anerkennung der OT-Mitgliedschaft als solche für unberechtigt gehalten. Es sei nicht erforderlich, dass die Tarifgebundenheit einzelner Mitglieder unmittelbar erkennbar sei.[185] Im Übrigen hat das BAG in seinem Grundsatzbeschluss, wonach die OT-Mitgliedschaft keine Frage der Tarifzuständigkeit ist, offengelassen, welche Schranken für OT-Mitgliedschaften zur Gewährleistung der Funktionsfähigkeit der Tarifautonomie zu ziehen seien.[186] Dies hat die spätere Rechtsprechung konkretisiert.

a) Leitplanken der Rechtsprechung

Die Rechtsprechung fordert eine satzungsmäßige Trennung zwischen OT-Mitgliedern und T-Mitgliedern, was eine Einflussnahme der OT-Mitglieder auf tarifpolitische und Arbeitskampfentscheidungen ausschließt (näher u. D. II. 1.).[187]

Der Wechsel in eine OT-Mitgliedschaft führt nach den Vorstellungen der Rechtsprechung dazu, dass keine Tarifgebundenheit nach § 4 Abs. 1 TVG mehr besteht, weil es sich im Hinblick auf die nicht gewollte Tarifbindung nicht mehr um ein Mitglied im Sinne dieser Bestimmung handelt (s.o. C. II.). Insoweit ist zwar anerkannt, dass die Bindung an den Tarifvertrag beim Wechsel in die OT-Mitgliedschaft nach § 3 Abs. 3 TVG bis zu dessen Ende erhalten bleibt (s.o. C. II.). Der alte Tarifvertrag entfaltet nach dem Ende darüber hinaus Nachwirkung nach § 4 Abs. 5 TVG (s. ebenfalls o. C. II.), die Tarifnormen wirken aber in dieser Phase nur noch dispositiv. Als besonders problematisch erscheint es für Gewerkschaften aber, wenn ein Wechsel in die OT-Mitgliedschaft während eines Kampfes um einen Flächentarifvertrag nicht erkennbar ist. Denn erst im Nachhinein stellt sich dann heraus, dass der Tarifvertrag gar

183 BAG 4.6.2008 – 4 AZR 419/07, AP TVG § 3 Nr. 38, Rn. 37.
184 BVerfG 1.12.2010 – 1 BvR 2593/09, NZA 2011, 60, Rn. 23.
185 BAG 18.7.2006 – 1 ABR 36/05, NZA 2006, 1225, Rn. 60.
186 BAG 18.7.2006 – 1 ABR 36/05, NZA 2006, 1225, Rn. 61; vgl. *Bayreuther*, BB 2007, 325, 327.
187 BAG 4.6.2008 – 4 AZR 419/07, AP TVG § 3 Nr. 38, Rn. 37 ff.

nicht alle Arbeitgeber bindet, für die er eigentlich verhandelt wurde. Die Nachbindung nach § 3 Abs. 3 TVG greift insoweit nicht, weil die Mitgliedschaft mit Tarifbindung bereits beendet wurde, bevor der Tarifvertrag geschlossen wurde. Das OT-Mitglied genießt dann zwar nicht den Schutz durch die Friedenspflicht,[188] wobei allerdings umstritten ist, ob die Friedenspflicht im Nachbindungszeitraum noch fortgilt oder bereits mit dem Ende der T-Mitgliedschaft endet.[189] Es wird einer Gewerkschaft aber schon ganz allgemein schwerfallen, die Arbeitnehmer nach abgeschlossener Tarifbewegung erneut für den Kampf, diesmal um einen Haustarifvertrag beim OT-Mitglied zu mobilisieren,[190] sofern der Arbeitgeber nicht zugleich in einen anderen Verband eingetreten und an einen anderen Flächentarifvertrag gebunden ist.[191] Das erkennt auch die Rechtsprechung an.[192] Zudem sind wie gezeigt (s.o. C. II.) besonders Unternehmen mit geringerem Organisationsgrad und damit auch geringerer Mobilisierungsfähigkeit anfällig für OT-Mitgliedschaften. Die Rechtsprechung korrigiert insoweit ein Stück weit: Ein solcher „Blitzwechsel" während laufender Tarifverhandlungen, der für die Gewerkschaft intransparent ist, bleibt tarifrechtlich in dem Sinne unwirksam, dass der Arbeitgeber an diesen verhandelten Tarifvertrag noch gebunden bleibt (näher u. D. II. 2.).[193]

b) Kritik: Im praktischen Ergebnis Mittel zur Flucht aus der Tarifbindung

Ungeachtet der vorstehend eingezogenen „Leitplanken" durch die Rechtsprechung wird kritisiert, dass die Anerkennung einer OT-Mitgliedschaft am Ende zu einer Entwertung des Systems kollektiver Interessenwahrnehmung führe.[194] Wenn eine Gewerkschaft keine Klarheit über den Status der Verbandsmitglieder habe, stelle das ihre Verhandlungs- und Durchsetzungschancen infrage.[195]

---

188 Hess. LAG 17.9.2008 – 9 SaGa 1442/08, NZA-RR 2009, 26; *Rhodius*, Die OT-Mitgliedschaft, 93 f.; *Berg*, AuR 2001, 393, 397; *Deinert*, AuR 2006, 217, 218; *Deinert*, jurisPR-ArbR 8/2009, Anm. 3; *Kissel*, Arbeitskampfrecht, § 26 Rn. 119; BKS-*Wankel/Garloff*, § 1 Rn. 430; Däubler-*Peter/Rödl*, TVG, § 2 Rn. 143; Kempen/Zachert-*Seifert*, § 1 Rn. 925.

189 Vgl. ausf. m.w.N. einerseits (für Fortgeltung) *Terhorst*, Ende der Tarifbindung, 154 ff.; andererseits (abl.) BKS-*Berg*, AKR Rn. 492; *Brahmstaedt*, Mitgliedschaft, 267 ff.; wohl auch BAG 19.6.2012 – 1 AZR 775/10, AP GG Art. 9 Arbeitskampf, Rn. 47, wo geprüft wird, ob eine Behandlung als Streikaufruf zum Abschluss eines Firmentarifvertrags in Betracht kommt, ohne dass auf die Frage der Friedenspflicht eingegangen wird.

190 Die Realitäten der Tarifverhandlungen ignorieren etwa *Brahmstaedt*, Mitgliedschaft, 220 ff.; *Terhorst*, Ende der Tarifbindung, 233 ff.; *Pfister*, Tarifrechtliche Unwirksamkeit, 230 ff.; i.E. auch *Farouq*, Verfassungsrechtliche Vorgaben, 198; *Löwisch/Rieble*, § 3 Rn. 61.

191 BAG 19.6.2012 – 1 AZR 775/10, AP GG Art. 9 Arbeitskampf, Rn. 30.

192 BAG, 20.2.2008 – 4 AZR 64/07, AP GG Art. 9 Nr. 94, Rn. 44.

193 BAG 4.6.2008 – 4 AZR 419/07, AP TVG § 3 Nr. 38; BAG 22.4.2009 – 4 AZR 111/08, AP TVG § 3 Verbandszugehörigkeit Nr. 26 (= NZA 2010, 105); BAG 21.11.2012 – 4 AZR 27/11, DB 2013, 1735.

194 Däubler-*Peter/Rödl*, TVG, § 2 Rn.144.

195 Däubler-*Peter/Rödl*, TVG, § 2 Rn.144.

Zwar muss in der Auseinandersetzung mit dem Modell der OT-Mitgliedschaft sich jeder vor Augen führen, dass OT-Mitglieder u.U. potenzielle Nichtmitglieder statt potenzieller T-Mitglieder sind.[196] Die Schlussfolgerung, dass OT-Mitglieder jedenfalls nicht sofort den tarifvertraglichen Arbeitsbedingungen den Rücken kehren, scheint dennoch gewagt. Es spricht einiges dafür, dass OT-Mitgliedschaften in der Praxis zumindest auch als ein probates Mittel zum strategischen Ausstieg aus der Tarifbindung genutzt werden.[197] Insoweit ebnet die Anerkennung der OT-Mitgliedschaft den Weg in die Tarifflucht und gibt diesem sogar verfassungsrechtliche Weihen.[198] Angesichts der aktuellen Zahlen mit sinkender Tarifbindung bei gleichzeitig steigender Zahl der OT-Mitglieder (s.o. C. II.) bleibt sie vor allem ein Mittel effektiver Tarifflucht. Sie erschwert den Gewerkschaften zudem effektive Flächentarifverhandlungen (vgl. näher u. E.).

Das spricht erschwerend gegen die Anerkennung der OT-Mitgliedschaft. Das bringt zwar die Gefahr mit sich, dass unzufriedene Mitglieder den Arbeitgeberverband verlassen. Ob dies den Arbeitnehmern wirklich Steine statt Brot bringt, ist aber fraglich. Arbeitnehmer in Außenseiterbetrieben haben allen Grund, sich gewerkschaftlich zu organisieren. Gewerkschaften haben allen Grund, OT-Mitglieder in Tarifverhandlungen oder den Verbandsbeitritt zu zwingen. Arbeitgeberverbände haben allen Grund, sich attraktiver aufzustellen, anstatt bei den eigenen Mitgliedern die Tariflosigkeit als attraktiv darzustellen.

IV. Zwischenergebnis

Die OT-Mitgliedschaft lässt sich nicht als personell beschränkte Tarifzuständigkeit eines Arbeitgeberverbandes verwirklichen. Wenn überhaupt lässt sie sich nur durch satzungsmäßige Einführung einer Mitgliedschaft verwirklichen, die das Ziel benennt, das sie verfolgt. Freilich ist dies weder mit der Konzeption des TVG vereinbar, noch – entgegen der Rechtsprechung des BAG – verfassungsrechtlich geboten. Überhaupt lässt sich die OT-Mitgliedschaft nur unter strenger Trennung von der T-Mitgliedschaft hinsichtlich der Tarif- und Arbeitskampfpolitik und während laufender Tarifverhandlungen nur bei transparentem Wechsel mit dem Erfordernis effektiver Tarifverhandlungen vereinbaren. Faktisch ermöglicht die OT-Mitgliedschaft allerdings einen gefahr- und lautlosen Weg der Tarifflucht. Von daher erscheint es vorzugswürdig, OT-Mitgliedschaften durch die Rechtsordnung nicht anzuerkennen.

---

196 *Deinert/Walser*, Tarifvertragliche Bindung, 31 f.

197 *Behrens*, Das Paradox der Arbeitgeberverbände, 151 ff.; *ders.*, WSI-Mitt. 2013, 473, 478 ff.; *Deinert/Walser*, AuR 2015, 386, 387, 389; vgl. *Hensche*, NZA 2009, 815, 818.

198 *Deinert/Walser*, Tarifvertragliche Bindung, 77.

D. Gewährleistung der Funktionsfähigkeit der Tarifautonomie im Einzelfall

Selbst wenn die Rechtsprechung nicht zu einem Kurswechsel bereit wäre, sollte sie doch die praktischen Probleme für effektive Tarifverhandlungen ernst nehmen. Hier gibt es einige Stellschrauben zum Korrigieren.

I. Primat des Vereinsrechts

Insgesamt geht die Rechtsprechung von einem Primat des Vereinsrechts aus.[199] Nur das, was vereinsrechtlich wirksam geschehen ist, kann die tarifvertragsrechtlichen Folgen erzeugen. Demzufolge prüft die Rechtsprechung etwa, ob der Wechsel in eine OT-Mitgliedschaft vereinsrechtlich wirksam erfolgt ist.[200] Das setzt die Einhaltung der vereinsrechtlichen und satzungsmäßigen Vorschriften voraus. Dazu gehört auch die Prüfung von Aus- und Übertrittsfristen.[201] Mindestfristen seien dabei nicht gefordert,[202] und die Fristen für einen Wechsel in die OT-Mitgliedschaft könnten, wie dies auch zuvor schon der Praxis entsprach,[203] anders ausgestaltet sein als die Fristen für einen Austritt.[204] Manche Satzungen sehen vergleichbare Fristen für den Wechsel wie für den Austritt vor, andere kürzen die Fristen ab oder verzichten ganz darauf. Im Wege autonomer Vereinbarung mit dem Vorstand kann auch ein sofortiger

---

199 So auch im Ausgangspunkt *Pfister*, Tarifrechtliche Unwirksamkeit, 34.

200 BAG 4.6.2008 – 4 AZR 419/07, AP TVG § 3 Nr. 38, Rn. 48 ff.; BAG 20.5.2009 – 4 AZR 230/08, AP TVG § 3 Nr. 42, Rn. 84; BAG 18.5.2011 – 4 AZR 457/09, AP TVG § 3 Verbandsaustritt Nr. 15, Rn. 19 ff.; zust. *Bauer/Haußmann*, RdA 2009, 99, 100; *Höpfner*, ZfA 2009, 541, 561 f.; *Franzen*, FS Picker, 2010, 929, 931 f.; *Krause*, GS Zachert, 2010, 605, 608 ff.

201 BAG 4.6.2008 – 4 AZR 419/07, AP TVG § 3 Nr. 38, Rn. 45 ff.; vgl. BAG 20.5.2009 – 4 AZR 230/08, AP TVG § 3 Nr. 42, Rn. 84.

202 BAG 20.5.2009 – 4 AZR 179/08, AP TVG Verbandszugehörigkeit Nr. 27, Rn. 30 f.; BAG 19.6.2012 – 1 AZR 775/10, AP GG Art. 9 Arbeitskampf, Rn. 27; ebenso etwa *Rhodius*, Die OT-Mitgliedschaft, 94 ff.; *Pfister*, Tarifrechtliche Unwirksamkeit, 57.

203 *Deinert*, RdA 2007, 83, 84; teil auch ohne jede Frist und Form, *Berg*, AuR 2001, 393.

204 BAG 4.6.2008 – 4 AZR 419/07, AP TVG § 3 Nr. 38, Rn. 46; BAG 20.5.2009 – 4 AZR 179/08, AP TVG Verbandszugehörigkeit Nr. 27, Rn. 30 f.; BAG 19.6.2012 – 1 AZR 775/10, AP GG Art. 9 Arbeitskampf, Rn. 27; zust. etwa *Bauer/Haußmann*, RdA 2009, 99, 100 f.; *Höpfner*, ZfA 2009, 541, 558 f.

Wechsel vereinbart werden.[205] Wenn die Satzung das ausschließen soll, muss sich dies zumindest im Wege der Auslegung aus der Satzung ergeben.[206]

Wirkungslose Satzungsänderungen, etwa mangels Eintragung, können dabei nicht berücksichtigt werden.[207] Aus diesem Grund verweigert das BAG auch der Vorstellung einer rückwirkenden Satzungsänderung die Gefolgschaft.[208] Bis zum Wirksamwerden einer Satzungsänderung soll ein Wechsel in eine OT-Mitgliedschaft danach wohl schwebend unwirksam sein, sodass das spätere OT-Mitglied wegen § 3 Abs. 3 TVG an einen eventuell geschlossenen Tarifvertrag gebunden bleibt.[209] Dasselbe muss gelten, wenn eine Satzung zunächst nicht den Anforderungen, die die Rechtsprechung für die wirksame Einführung einer OT-Mitgliedschaft vorsieht, genügte, später aber nachgebessert wird.[210] Im Übrigen ist für Vertrauensschutz des OT-Mitglieds in der Zwischenzeit bis dahin kein Raum.[211]

Im Hinblick darauf, dass es sich um eine der zentralen Grundentscheidungen eines Verbandes handelt, müssen die maßgeblichen vereinsrechtlichen Bestimmungen in der Satzung als der „Verfassung" des Vereins enthalten sein, zumal nur die Satzung hinreichende Transparenz auch für Dritte schafft. Die für die OT-Mitgliedschaft maßgeblichen Regelungen können nicht auf einer rangniederen Bestimmung beruhen.[212]

Überdies gilt der Grundsatz der Satzungsklarheit. Aus der Satzung muss anhand klarer Kriterien hervorgehen, ob ein Mitglied als ordentliches Mitglied oder als OT-Mitglied anzusehen ist.[213]

---

205 BAG 18.5.2011 – 4 AZR 457/09, AP TVG § 3 Verbandsaustritt Nr. 15, Rn. 20; *Farouq*, Verfassungsrechtliche Vorgaben, 177 f.; HWK-*Henssler*, § 3 TVG Rn. 11; *Bauer/Haußmann*, RdA 2009, 99, 101; *Franzen*, FS Picker, 2010, 929, 932; *Krause*, GS Zachert, 2010, 605, 610; *Rieble*, RdA 2009, 280, 280 f.; vgl. allg. für den Verbandsaustritt *Plander*, NZA 2005, 897, 900 ff.; a.A. *Berg*, AuR 2001, 393, 395.

206 BAG 18.5.2011 – 4 AZR 457/09, AP TVG § 3 Verbandsaustritt Nr. 15, Rn. 21 ff.; vgl. *Krause*, GS Zachert, 2010, 605, 610.

207 Vgl. BAG 26.8.2009 – 4 AZR 294/08, AP TVG § 3 Verbandszugehörigkeit Nr. 28 (= NZA-RR 2010, 305), Rn. 33; ferner BAG 15.12.2010 – 4 AZR 256/09, NZA-RR 2012, 260, Rn. 24; BAG 21.1.2015 – 4 AZR 797/13, AP TVG § 3 Verbandszugehörigkeit Nr. 30, Rn. 17; Däubler-*Peter/Rödl*, TVG, § 2 Rn. 143.

208 BAG 26.8.2009 – 4 AZR 294/08, AP TVG § 3 Verbandszugehörigkeit Nr. 28 (= NZA-RR 2010, 305), Rn. 34 ff.; zust. *Löwisch/Rieble*, § 3 Rn. 69.

209 Deinert/Wenckebach/Zwanziger-*Deinert*, § 11 Rn. 7.

210 *Benecke*, in: Giesen/Junker/Rieble (Hrsg.), Ordnungsfragen des Tarifvertragsrechts, 45, 58.

211 Richtig: *Benecke*, in: Giesen/Junker/Rieble (Hrsg.), Ordnungsfragen des Tarifvertragsrechts, 45, 58.

212 BAG 21.1.2015 – 4 AZR 797/13, AP TVG § 3 Verbandszugehörigkeit Nr. 30, Rn. 36 ff.; a.A. *Benecke*, in: Giesen/Junker/Rieble (Hrsg.), Ordnungsfragen des Tarifvertragsrechts, 45, 52 f.

213 *Schlochauer*, FS Schaub, 1998, 699, 706; *Thüsing/Stelljes*, ZfA 2005, 527, 565 ff.; *Deinert*, RdA 2007, 83, 89.

II. Tarifrechtliche Korrekturen im Hinblick auf die Funktionsfähigkeit der Tarifautonomie

Das BAG macht klare Vorgaben für die satzungsmäßige Ausgestaltung der OT-Mitgliedschaft. Im Hinblick auf den Primat des Vereinsrechts sollen diese aber nur tarifrechtlich Relevanz haben. Das bedeutet etwa, dass es vereinsrechtlich im Prinzip unerheblich ist, wenn die erforderliche satzungsmäßige Trennung der Befugnisse von OT-Mitgliedern und T-Mitgliedern nicht gelingt. Tarifvertragsrechtlich kann aber das vereinsrechtlich wirksame Geschäft unwirksam sein.[214] Das hat dann eine Tarifgebundenheit auch der OT-Mitglieder zur Folge.[215] Das kann nicht nur für den Wechsel aus der T- in eine OT-Mitgliedschaft gelten, sondern muss auch für den Fall der Begründung einer OT-Mitgliedschaft greifen.[216] Dass dies insbesondere den Eintritt als OT-Mitglied in einen Verband zu einem rechtlichen Wagnis macht, sei nicht bestritten.[217] Wenig stichhaltig ist der Einwand von *Löwisch* und *Rieble*, aus weniger Legitimation folge mehr Tarifbindung.[218] Das vermeintlich *ad absurdum* führende Argument zeigt das Gegenteil auf: Weil OT-Mitglieder tarifpolitische Entscheidungen getroffen haben, werden sie gebunden. Sie haben durch ihr Verhalten die Verhandlungen legitimiert. Die Folge der Tarifgebundenheit ist im Übrigen ein unbeachtlicher Rechtsfolgenirrtum, der nicht zur Anfechtung des auf die OT-Mitgliedschaft gerichteten Rechtsgeschäfts nach § 119 BGB berechtigt.[219]

Das kann als Durchbrechung des Primats des Vereinsrechts begriffen werden,[220] freilich nur, wenn man ausblendet, dass auch OT-Mitglieder Vereinsmitglieder sind und „an sich" schon grundsätzlich eine Bindung aus § 3 Abs. 1 TVG folgt (s.o. III 3 a)). Insofern ist auch die Behauptung, die Rechtsprechung schaffe eine neue Form der Tarifbindung ohne mitgliedschaftliche Legitimation,[221]

---

214 BAG 4.6.2008 – 4 AZR 419/07, AP TVG § 3 Nr. 38, Rn. 57 ff.

215 BAG 21.1.2015 – 4 AZR 797/13, AP TVG § 3 Verbandszugehörigkeit Nr. 30, Rn. 59; Däubler-*Peter/Rödl*, TVG, § 2 Rn. 143; Wiedemann-*Oetker*, § 2 Rn. 150; MünchArbR-*Klumpp*, § 245 Rn. 30; *Terhorst*, Ende der Tarifbindung, 164 ff.; *Besgen/Weber*, SAE 2010, 1 ff.; ausf. *Brahmstaedt*, Mitgliedschaft, 173 ff.; *Zoglowek*, Auswirkungen innerverbandlicher Satzungsverstöße, 157 ff.; i.E. ebenso mit anderer Begründung *Höpfner*, ZfA 2009, 541, 551 ff. Grundsätzlich ablehnend mangels gesetzlicher Norm, die die Tarifbindung anordnet, *Pfister*, Tarifrechtliche Unwirksamkeit, 163 ff.; *Bauer/Haußmann*, RdA 2009, 99, 105.

216 Kempen/Zachert-*Stein*, § 2 Rn. 139; a.A. HWK-*Henssler*, § 3 TVG Rn. 5b.

217 So *Benecke*, in: Giesen/Junker/Rieble (Hrsg.), Ordnungsfragen des Tarifvertragsrechts, 45, 47.

218 *Löwisch/Rieble*, § 3 Rn. 62.

219 Wiedemann-*Oetker*, § 2 Rn. 150; a.A., allerdings für Anfechtungswirkung nur *ex nunc* Kempen/Zachert-*Stein*, § 2 Rn. 143.

220 *Farouq*, Verfassungsrechtliche Vorgaben, 168 f., 191.

221 HWK-*Henssler*, § 3 TVG Rn. 11a.

unzutreffend. Sie verkennt, dass bereits der Beitritt zum Arbeitgeberverband die notwendige Legitimation zur Rechtsetzung geschaffen hat.

Ebenso bewertet es die Rechtsprechung, wenn ein Arbeitgeberverband sich für tarifunwillig erklärt, indem er die Tariffähigkeit auf Fachgruppen überträgt, dann aber nicht gewährleistet, dass die regulären Mitglieder, die Mitglieder ohne Tarifbindung sein sollen, keinen Einfluss auf tarifpolitische Fragen haben.[222]

Diese Trennung von Vereinsrecht und tarifrechtlichen Folgen scheint grundsätzlich nachvollziehbar,[223] jedenfalls auf der Basis der (zu kritisierenden, vgl. o. III. 3.) Rechtsprechung, die die OT-Mitgliedschaft im Grundsatz anerkennt. Sie klärt damit im Übrigen alle weiteren rechtlichen Probleme, die sich um die Frage ranken, ob eine OT-Mitgliedschaft, die Tariffreiheit nicht gewähren kann, im Rechtssinne als uneingeschränkte T-Mitgliedschaft oder als Nicht-Mitgliedschaft anzusehen ist.[224]

Auf die tarifrechtliche Unwirksamkeit des Wechsels in eine OT-Mitgliedschaft kann ein Arbeitnehmer sich zeitlich unbegrenzt berufen. Es gibt keine Frist, nach der das Geltendmachen der Tarifbindung des Arbeitgebers ausgeschlossen wäre.[225]

Die Rechtsprechung begründet die Unwirksamkeit eines Wechsels in die OT-Mitgliedschaft damit, dass der durch Art. 9 Abs. 3 GG geschützten innerverbandlichen Autonomie um anderer Verfassungsgüter willen Schranken gezogen werden könnten, erforderlich sei ein Ausgleich mit der Funktionsfähigkeit der Tarifautonomie, wobei die jeweiligen Rechte größtmöglich zu schonen seien.[226]

Das Gericht bezeichnet dies als Ausübungsschranke, meint aber der Sache nach, die vereinsrechtlichen Konsequenzen im Tarifvertragsrecht partiell unberücksichtigt zu lassen. Die Abwägung im Sinne praktischer Konkordanz erfolgt so zwischen Satzungsautonomie und individueller Koalitionsfreiheit des Mitglieds auf der einen Seite und Funktionsfähigkeit der Tarifautonomie auf der anderen Seite. Das BAG hat die individuelle Koalitionsfreiheit in diesem

222 BAG 22.4.2009 – 4 AZR 111/08, AP TVG § 3 Verbandszugehörigkeit Nr. 26 (= NZA 2010, 105), Rn. 49.

223 *Deinert/Walser*, Tarifvertragliche Bindung, 77; krit. *Benecke*, in: Giesen/Junker/Rieble (Hrsg.), Ordnungsfragen des Tarifvertragsrechts, 45, 48 ff.

224 Zu dieser Frage vgl. m.w.N. *Deinert*, AuR 2006, 217, 223 f.; *ders.*, RdA 2007, 83, 90; ferner *Löwisch/Rieble*, § 3 Rn. 66, 102 ff., 147 ff.

225 BAG 21.1.2015 – 4 AZR 797/13, AP TVG § 3 Verbandszugehörigkeit Nr. 30, Rn. 56 ff.

226 BAG 4.6.2008 – 4 AZR 419/07, AP TVG § 3 Nr. 38, Rn. 57 f.

Fall als negative Koalitionsfreiheit eingeordnet. Das dürfte schon von daher verfehlt sein, als die Rechtsprechung auch im Nachgang eine negative Tarifvertragsfreiheit nicht aus der negativen Koalitionsfreiheit abgeleitet hat,[227] aber auch in der Sache, weil das Mitglied eben gerade nicht austreten, sondern Mitglied bleiben möchte (s.o. III 3 a)),[228] spielt für den Abwägungsvorgang am Ende aber ohnehin keine Rolle, weil dann jedenfalls die positive Koalitionsfreiheit im Sinne der Wahl der gewünschten Mitgliedschaftsform im Raum steht.

1. Trennung von Verantwortlichkeit und Betroffenheit

Wenn nicht gewährleistet sei, dass die Geschäftsgrundlage der Tarifverhandlungen mit der beim Abschluss übereinstimmt, sei die Funktionsfähigkeit der Tarifautonomie infrage gestellt. Insoweit bedürfe es einer Kongruenz zwischen der Gruppe derjenigen, die über den Tarifabschluss mitentscheiden, und jener, die am Ende tarifgebunden sind. Das setze voraus, dass nicht lediglich die Rechtsfolge der Tarifgebundenheit ausgeschlossen werde, sondern für Tarifangelegenheiten eine klare und eindeutige Trennung der Befugnisse von Mitgliedern mit und ohne Tarifbindung erfolge. Es sei ein Gleichlauf von Verantwortlichkeit und Betroffenheit zu gewährleisten.[229] Diese Rechtsprechung wurde durch eine Kammerentscheidung des BVerfG auf Beschwerde eines Arbeitgebers nicht beanstandet. Das Gericht hat ergänzend ausgeführt, dass nur dann gewährleistet sei, dass sich der Verband nicht von sachfremden Einflüssen leiten lasse, die ein nicht sachgerechtes Ergebnis von Tarifverhandlungen zur Folge haben könnten, wenn die OT-Mitglieder keinen Einfluss auf das Vorgehen des Arbeitgeberverbandes im Arbeitskampf hätten.[230] Zuvor wurde bereits in der Literatur gefordert, dass tarifpolitische Entscheidungen des Verbandes in Unabhängigkeit von OT-Mitgliedern getroffen werden.[231] Freilich wird auch in der Literatur eingewandt, dass eine solche rechtliche Trennung eine praktische Trennung nicht gewährleisten könne.[232]

---

227 BAG 1.7.2009 – 4 AZR 262/08, AP TVG § 3 Verbandsaustritt Nr. 14, Rn. 37 ff.

228 Wenig überzeugend ist die Annahme bei *Höpfner*, ZfA 2009, 541, 570 ff., dass es sich um eine Rechtsprechungsänderung handele.

229 BAG 4.6.2008 – 4 AZR 419/07, AP TVG § 3 Nr. 38, Rn. 37 ff.; BAG 22.4.2009 – 4 AZR 111/08, AP TVG § 3 Verbandszugehörigkeit Nr. 26 (= NZA 2010, 105), Rn. 28; BAG 21.1.2015 – 4 AZR 797/13, AP TVG § 3 Verbandszugehörigkeit Nr. 30, Rn. 18; krit. zum Konzept *Benecke*, in: Giesen/Junker/Rieble (Hrsg.), Ordnungsfragen des Tarifvertragsrechts, 45, 48.

230 BVerfG 1.12.2010 – 1 BvR 2593/09, NZA 2011, 60.

231 *Besgen*, Mitgliedschaft im Arbeitgeberverband ohne Tarifbindung, 116 f.; *Melot de Beauregard*, Mitgliedschaft in Arbeitgeberverbänden, 127; *Otto*, NZA 1996, 624, 627; *Deinert*, RdA 2007, 83, 86; *Buchner*, NZA 2006, 1377, 1381 f.; *Wroblewski*, NZA 2007, 421, 424; ferner *Schlochauer*, FS Hromadka, 2008, 379, 391 f.

232 *Däubler*, Rechtliche Aspekte, 17 ff.

Der Ausschluss von tarifpolitischen Entscheidungen im Sinne einer Trennung von Verantwortlichkeit und Betroffenheit erfordere, dass OT-Mitglieder

- nicht in Tarifkommission entsandt werden können,
- den Verband nicht tarifpolitisch vertreten,
- nicht in Aufsichtsorganen mitwirken, die den Streikfonds verwalten und
- von Abstimmungen ausgeschlossen sind, in denen tarifpolitische Ziele festgelegt oder Ergebnisse von Tarifverhandlungen angenommen werden.[233]

Es spricht auch einiges dafür, dass OT-Mitglieder von Entscheidungen über Anträge auf Allgemeinverbindlicherklärungen ausgeschlossen sein müssen. Das folgt nicht nur daraus, dass die Allgemeinverbindlicherklärung die bislang tarifgebundenen Mitglieder schützt.[234] Die Frage eines Antrags auf Allgemeinverbindlicherklärung ist tarifpolitischer Natur. Sie ist von den Tarifträgerverbänden in dieser Eigenschaft und nicht von Nicht-Tarifgebundenen zu beantworten.

Demgegenüber ist ein finanzieller Einfluss von OT-Mitgliedern durch deren Beiträge, die auch die Streikkasse füllen, mangels unmittelbaren Einflusses der OT-Mitglieder auf die Tarifpolitik nicht als problematisch anzusehen.[235]

Darüber hinaus geht die Rechtsprechung davon aus, dass Mitglieder des Arbeitgeberverbandes sozial-, tarif- und arbeitskampfbezogene Ämter verlieren müssen, wenn sie in eine OT-Mitgliedschaft wechseln,[236] und vertretungsberechtigte Vorstandsmitglieder tarifgebundenen Unternehmen angehören müssen.[237] Sofern die Besetzung maßgeblicher Vereinsämter mit tarifpolitischem

233 BAG 4.6.2008 – 4 AZR 419/07, AP TVG § 3 Nr. 38, Rn. 39 f.; BAG 25.2.2009 – 4 AZR 986/07, AP TVG § 3 Nr. 40, Rn. 31; BAG 22.4.2009 – 4 AZR 111/08, AP TVG § 3 Verbandszugehörigkeit Nr. 26 (= NZA 2010, 105), Rn. 29; BAG 20.5.2009 – 4 AZR 179/08, AP TVG Verbandszugehörigkeit Nr. 27, Rn. 17; BAG 20.5.2009 – 4 AZR 230/08, AP TVG § 3 Nr. 42, Rn. 71; vgl. auch BAG 15.12.2010 – 4 AZR 256/09, NZA-RR 2012, 260, Rn. 26; BAG 19.6.2012 – 1 AZR 775/10, AP GG Art. 9 Arbeitskampf, Rn. 17; BAG 12.2.2014 – 4 AZR 450/12, ZTR 2014, 330, Rn. 13; vgl. ferner *Terhorst*, Ende der Tarifbindung, 128 ff.; Däubler-*Peter/Rödl*, TVG, § 2 Rn. 143; Wiedemann-*Oetker*, § 2 Rn. 146 ff.; *Deinert*, RdA 2007, 83, 86 f. m.w.N.; *Benecke*, in: Giesen/Junker/Rieble (Hrsg.), Ordnungsfragen des Tarifvertragsrechts, 45, 53 ff.; *Franzen*, FS Picker, 2010, 929, 934; *Kobler*, Fremdeinflüsse, 156 f.; *Pfister*, Tarifrechtliche Unwirksamkeit, 42 f.

234 Wiedemann-*Oetker*, § 2 Rn. 148.

235 BAG 19.6.2012 – 1 AZR 775/10, AP GG Art. 9 Arbeitskampf, Rn. 22 f.; *Bayreuther*, BB 2007, 325, 327; *Kobler*, Fremdeinflüsse, 155; a.A. *Schaub*, BB 1994, 2005, 2007; *Schaub*, BB 1995, 2003, 2005.

236 BAG 4.6.2008 – 4 AZR 419/07, AP TVG § 3 Nr. 38, Rn. 39, 43; zust. *Terhorst*, Ende der Tarifbindung, 133 f.

237 BAG 4.6.2008 – 4 AZR 419/07, AP TVG § 3 Nr. 38, Rn. 44.

Einfluss durch ein Vereinsorgan bestimmt wird, dürfen OT-Mitglieder auch darauf keinen Einfluss haben.[238]

Diese strikte Trennung, die eine Beteiligung von OT-Mitgliedern an tarifpolitischen Entscheidungen des Verbandes ausschließt, muss auch in dem Fall gelten, dass OT-Mitglieder Anspruch auf tarifpolitische Beratung und Arbeitskampfunterstützung in der Auseinandersetzung um einen Haustarifvertrag haben und Mitgliedsbeiträge in gleicher Höhe wie T-Mitglieder erbringen müssen.[239] Denn in tarifpolitischen Fragen und Arbeitskampfentscheidungen hinsichtlich des Flächentarifvertrages käme es sonst zu einem Auseinanderfallen von Verantwortlichkeit und Betroffenheit.

Eine Satzung, die den OT-Mitgliedern Unterstützung bei Tarifverhandlungen und ggf. auch im Arbeitskampf ermöglicht und umgekehrt entsprechend Beiträge verlangt, ist nach der Rechtsprechung nicht zu beanstanden.[240] Da dies, wie gezeigt, nicht zu einem Auseinanderfallen von Verantwortlichkeit und Betroffenheit führt, dürfte Derartiges rechtlich nicht problematisch sein. Eventuell damit verbundene Ungleichbehandlungen der verschiedenen Formen der Mitgliedschaft innerhalb des Verbandes betreffen ein vereinsrechtliches Internum, haben aber keine tarifrechtlichen Konsequenzen.[241] Im Hinblick auf die notwendige Trennung in tarifpolitischen Fragen müssen OT-Mitglieder auch im Fall einer Partizipation an Unterstützungsleistungen von den Entscheidungen über den Arbeitskampffonds ausgeschlossen sein, sodass dies auch für Fälle von Firmenauseinandersetzungen der OT-Mitglieder selber gelten muss.[242]

Diese Anforderungen müssen nicht in den jeweiligen Satzungsbestimmungen einzeln vorgesehen sein, möglich ist vielmehr auch, dass ein allgemein formulierter Grundsatz generell OT-Mitglieder von tarifpolitischen Entscheidungen des Verbandes ausschließt.[243]

---

238 BAG 21.1.2015 – 4 AZR 797/13, AP TVG § 3 Verbandszugehörigkeit Nr. 30, Rn. 29 ff.

239 BAG 20.5.2009 – 4 AZR 230/08, AP TVG § 3 Nr. 42, Rn. 82; *Deinert*, RdA 2007, 83, 87; *Schlochauer*, FS Hromadka, 2008, 379, 389; krit. *Höpfner*, ZfA 2009, 541, 551.

240 BAG 4.6.2008 – 4 AZR 419/07, AP TVG § 3 Nr. 38; BAG 20.5.2009 – 4 AZR 179/08, AP TVG Verbandszugehörigkeit Nr. 27, Rn. 26; i.E. ebenso *Kobler*, Fremdeinflüsse, 155 f.; *Rhodius*, Die OT-Mitgliedschaft, 76 f.; *Terhorst*, Ende der Tarifbindung, 139; vgl. ferner *Reuter*, RdA 1996, 201, 206 f.; einschränkend *Bayreuther*, BB 2007, 325, 327: nur zulässig, wenn im Einzelfall ein berechtigtes Interesse an der Einbeziehung des OT-Mitglieds in die Vereinssolidarität gegeben ist; a.A. *Konzen*, FS Kraft, 1998, 291, 319; Kempen/Zachert-*Stein*, § 2 Rn. 190.

241 *Deinert*, RdA 2007, 83, 89.

242 *Brahmstaedt*, Mitgliedschaft, 157 ff.

243 BAG 12.2.2014 – 4 AZR 450/12, ZTR 2014, 330, Rn. 15; BAG 21.1.2015 – 4 AZR 797/13, AP TVG § 3 Verbandszugehörigkeit Nr. 30, Rn. 21; vgl. auch BAG 25.2.2009 – 4 AZR 986/07, AP TVG § 3 Nr. 40, Rn. 34; BAG 20.5.2009 – 4 AZR 230/08, AP TVG § 3 Nr. 42, Rn. 72 ff.

Eine hinreichende Trennung sieht die Rechtsprechung dann nicht als gegeben an, wenn OT-Mitglieder über finanzielle Mittel verfügen können, die im verbandsgeführten Arbeitskampf um einen Tarifvertrag eingesetzt werden können und sollen.[244] Als unproblematisch sah es das BAG allerdings an, wenn die Unterstützung für den Arbeitskampf aus Beiträgen oder sonstigen Mitteln der OT-Mitglieder aufgebracht wird.[245]

Eine Beteiligung von OT-Mitgliedern an tarifpolitischen Entscheidungen mit lediglich beratender Stimme sei hingegen zulässig.[246]

Im Übrigen wird diskutiert, ob eine signifikante Mehrheit der Mitglieder eines Arbeitgeberverbandes aus OT-Mitgliedern bestehen darf. Das wird teils mit der Begründung verneint, dass eine unzulässige Einflussnahme durch OT-Mitglieder auf die Tarifpolitik erfolgen könne.[247] Soweit ersichtlich stellt dies aber kein ernsthaftes Problem der Praxis dar. Zwar wird berichtet, dass Arbeitgeberverbände sich gegen die Forderung einer schuldrechtlichen Vereinbarung, einen gemeinsamen Antrag auf Allgemeinverbindlicherklärung zu stellen, mit dem Argument wenden, dass die OT-Mitglieder diese Form der „Tarifbindung durch die Hintertür" nicht akzeptierten. Daraus ergibt sich aber nicht, dass die OT-Mitglieder insoweit Einfluss auf die Tarifpolitik haben. Vielmehr ist anzunehmen, dass ein vermeintlich probates Argument in der Tarifverhandlung genutzt wird. Dafür spricht auch, dass das Argument dem Vernehmen nach schnell fallen gelassen wird, wenn der vermeintliche Einfluss der OT-Mitglieder auf die Tarifpolitik angesprochen wird.

---

244 BAG 22.4.2009 – 4 AZR 111/08, AP TVG § 3 Verbandszugehörigkeit Nr. 26 (= NZA 2010, 105), Rn. 38.

245 BAG 22.4.2009 – 4 AZR 111/08, AP TVG § 3 Verbandszugehörigkeit Nr. 26 (= NZA 2010, 105), Rn. 39; ebenso i.E. *Terhorst*, Ende der Tarifbindung, 138 f.

246 BAG 4.6.2008 – 4 AZR 419/07, AP TVG § 3 Nr. 38, Rn. 39; BAG 22.4.2009 – 4 AZR 111/08, AP TVG § 3 Verbandszugehörigkeit Nr. 26 (= NZA 2010, 105), Rn. 29; BAG 25.2.2009 – 4 AZR 986/07, AP TVG § 3 Nr. 40, Rn. 35; BAG 20.5.2009 – 4 AZR 179/08, AP TVG Verbandszugehörigkeit Nr. 27, Rn. 24; BAG 20.5.2009 – 4 AZR 230/08, AP TVG § 3 Nr. 42, Rn. 81; BAG 19.6.2012 – 1 AZR 775/10, AP GG Art. 9 Arbeitskampf, Rn. 17; BAG 21.1.2015 – 4 AZR 797/13, AP TVG § 3 Verbandszugehörigkeit Nr. 30, Rn. 19; vgl. *Deinert*, RdA 2007, 83, 86; zust. *Kobler*, Fremdeinflüsse, 153; a.A. *Danz*, Die Mitgliedschaft im Arbeitgeberverband ohne Tarifbindung, 90 f.; BKS-*Dierßen*, § 3 Rn. 53; *Wroblewski*, NZA 2007, 421, 425.

247 *Bayreuther*, BB 2007, 325, 328; *Höpfner*, ZfA 2009, 541, 549 f.; ferner *Kobler*, Fremdeinflüsse, 154; *Schlochauer*, FS Schaub, 1998, 699, 705 f., *Gamillscheg*, Kollektives Arbeitsrecht I, 529; die im Ergebnis dann die Tariffähigkeit des Verbandes in diesem Fall infrage stellen; a.A. *Terhorst*, Ende der Tarifbindung, 95 ff.; *Thüsing/Stelljes*, ZfA 2005, 527, 544 f.

2. Transparenz bei kurzfristigem Statuswechsel

a) Transparenzgebot nach Rechtsprechung und h.M.

Der Wechsel während laufender Tarifverhandlungen kann nach der Rechtsprechung bewirken, dass der Gleichlauf von Verantwortlichkeit und Betroffenheit nicht mehr gewährleistet ist. Denn er führt dazu, dass das OT-Mitglied trotz Einflussmöglichkeiten während des Beginns der Tarifverhandlungen sich später der Bindung an die mitgestalteten Tarifergebnisse entzieht.[248] Die Gewerkschaft müsse daher überprüfen und entscheiden können, ob sich die Verhandlungssituation und die Rahmenbedingungen für den Tarifabschluss durch den Wechsel eines Mitglieds in die OT-Mitgliedschaft geändert haben. Das setze voraus, dass der Statuswechsel transparent erfolge, um Unklarheiten über die Zusammensetzung des Kreises derjenigen, für die verhandelt wird, zu vermeiden.[249] Der Wechsel in die OT-Mitgliedschaft muss daher der Gewerkschaft während laufender Tarifverhandlungen angezeigt werden.[250] Das kann durch das Mitglied oder durch den Arbeitgeberverband geschehen.[251] Die Rechtsprechung verlangt keine besondere Form für die Mitteilung.[252] Auch gibt es keine Fristen für die Mitteilung des Wechsels des Mitgliedschaftsstatus, die Rechtsprechung fordert nur, dass es der Gewerkschaft möglich sein müsse, auf den Statuswechsel zu reagieren.[253] Die Koalitionsfreiheit schützt nicht vor einer etwaigen Offenbarungspflicht. Die Geheimhaltung des Status und damit die Geheimhaltung einer etwaigen Tarifbindung steht nicht unter dem Schutz der Koalitionsfreiheit.[254]

Werden diese Mindestanforderungen nicht eingehalten, sieht die Rechtsprechung darin ein nach § 134 BGB mit Art. 9 Abs. 3 S. 2 GG nichtiges, allerdings nur im tarifrechtlichen Sinne unwirksames Rechtsgeschäft, sodass der Arbeitgeber an den Tarifvertrag nach § 3 Abs. 1 TVG gebunden bleibt, während dessen Verhandlung der Wechsel in die OT-Mitgliedschaft erfolgte.[255] In

---

248 BAG 4.6.2008 – 4 AZR 419/07, AP TVG § 3 Nr. 38, Rn. 65.

249 BAG 4.6.2008 – 4 AZR 419/07, AP TVG § 3 Nr. 38, Rn. 64 ff.; BAG 18.5.2011 – 4 AZR 457/09, AP TVG § 3 Verbandsaustritt Nr. 15, Rn. 31 ff.; zust. etwa *Farouq*, Verfassungsrechtliche Vorgaben, 239 ff.; *Kobler*, Fremdeinflüsse, 159 f.; *Walser*, Einfluss der Rechtsordnung, 183 ff.; krit. *Hinkers*, Rechte und Pflichten im Arbeitgeberverband, 154 ff.; *Terhorst*, Ende der Tarifbindung, 194 ff.; *Höpfner*, ZfA 2009, 541, 562 ff.

250 BAG 19.6.2012 – 1 AZR 775/10, AP GG Art. 9 Arbeitskampf, Rn. 30.

251 BAG 26.8.2009 – 4 AZR 285/08, AP TVG § 3 Verbandszugehörigkeit Nr. 29; BAG 19.6.2012 – 1 AZR 775/10, AP GG Art. 9 Arbeitskampf, Rn. 30; *Willemsen/Mehrens*, NZA 2013, 79, 80.

252 BAG 19.6.2012 – 1 AZR 775/10, AP GG Art. 9 Arbeitskampf, Rn. 35.

253 BAG 4.6.2008 – 4 AZR 419/07, AP TVG § 3 Nr. 38, Rn. 67.

254 *Ahrendt*, RdA 2010, 345, 351; a.A. *Gaumann/Schafft*, NZA 2001, 1125, 1129.

255 BAG 4.6.2008 – 4 AZR 419/07, AP TVG § 3 Nr. 38, Rn. 73; BAG 21.11.2012 – 4 AZR 27/11, DB 2013, 1735, Rn. 29 ff.; zust. *Krause*, GS Zachert, 2010, 605, 621 f.; *Kobler*, Fremdeinflüsse, 160 f.; a.A. *Terhorst*, Ende der Tarifbindung, 258 ff.; *Franzen*, FS Picker, 2010, 929, 938 f.

diesem Umfang bleibt der Wechsel in die OT-Mitgliedschaft auch arbeitskampfrechtlich unwirksam in dem Sinne, dass das OT-Mitglied in Kampfmaßnahmen um den Flächentarifvertrag einbezogen werden kann.[256] An spätere Tarifverträge ist das OT-Mitglied dann aber nicht mehr gebunden.[257] Demgegenüber schließt der Wechsel vor Beginn der Tarifverhandlungen die Bindung an den betreffenden Tarifvertrag aus.[258] Die Transparenzanforderungen gelten dann nicht.[259] Ein Arbeitnehmer kann im Individualprozess um tarifvertragliche Rechte im Wege einer abgestufte Darlegungs- und Beweislast zunächst behaupten, dass der Wechsel in die OT-Mitgliedschaft während laufender Tarifverhandlungen intransparent gewesen sei und eine Störung der Funktionsfähigkeit der Tarifautonomie bedeute. Der Arbeitgeber muss sich darauf substantiiert einlassen, warum der Wechsel für die Gewerkschaft transparent war. Erst im Anschluss daran trifft den Arbeitnehmer die Beweislast für die Tatsachen, aus denen sich die Intransparenz ergeben soll.[260]

Diese Rechtsprechung hat das BAG fortgeführt für den Wechsel in eine Gastmitgliedschaft ohne wesentliche Mitgliedschaftsrechte und ohne Tarifbindung (dazu s.o. C. III. 1.).[261] Dabei hat das BAG insbesondere den Zeitraum präzisiert, in dem ein intransparenter Wechsel der Mitgliedschaft tarifrechtlich unwirksam sein kann. Dieser reicht vom Beginn der Tarifverhandlungen bis zum endgültigen Tarifvertragsabschluss.[262] Auch wenn ein Vorvertrag geschlossen wurde, bedarf es daher der Transparenz eines Wechsels.[263]

Gut gemeint ist nicht immer gut gemacht. Das BAG gibt in der Begründung zwar an, praktische Konkordanz herstellen zu wollen, geht aber zugleich davon aus, dass die Beschränkungen der Satzungsautonomie im Hinblick auf kollidierende Verfassungsgüter auf ein Minimum („geringstmöglichen Umfang“[264]) zu reduzieren seien, was gerade nicht als „größtmögliche[r] Schonung der jeweiligen Rechte“ angesehen werden kann[265] und offenbar zu einer „Schere im Kopf“ geführt hat.

In rechtlicher Hinsicht wurde nicht sorgfältig zwischen zwei unterschiedlichen Problemen unterschieden:

---

256 BAG 19.6.2012 – 1 AZR 775/10, AP GG Art. 9 Arbeitskampf, Rn. 37.
257 BAG 21.11.2012 – 4 AZR 27/11, DB 2013, 1735.
258 BAG 21.11.2012 – 4 AZR 27/11, DB 2013, 1735.
259 *Deinert/Walser*, Tarifvertragliche Bindung, 34.
260 BAG 4.6.2008 – 4 AZR 419/07, AP TVG § 3 Nr. 38, Rn. 73.
261 BAG 26.8.2009 – 4 AZR 285/08, AP TVG § 3 Verbandszugehörigkeit Nr. 29.
262 A.A. *Jacobs/Krois*, FS Reuter, 2010, 555, 568 ff.
263 BAG 26.8.2009 – 4 AZR 285/08, AP TVG § 3 Verbandszugehörigkeit Nr. 19, Rn. 27 ff.
264 BAG 4.6.2008 – 4 AZR 419/07, AP TVG § 3 Nr. 38, Rn. 58.
265 BAG 4.6.2008 – 4 AZR 419/07, AP TVG § 3 Nr. 38, Rn. 59.

- kurzfristiges Hin- und Herwechseln während laufender Tarifverhandlungen und
- Verheimlichung des Statuswechsels.

Krause erkennt dies, meint aber, dass nach der Rechtsprechung eine hinreichend qualifizierte Störung des Verhandlungsgeschehens erst durch zwei Elemente gemeinsam, nämlich abrupten Wechsel *und* unterlassene Aufklärung, hervorgerufen werde.[266] Das ist zwar als Beobachtung richtig, allerdings ergibt dies sachlich keinen Sinn,[267] wie sogleich zu zeigen ist. Und in der Tat stellt er im Weiteren vor allem auf das informierte Verhandeln der Gewerkschaft ab, indem er ein Transparenzgebot postuliert,[268] während *Franzen* explizit betont, dass beide Komponenten nicht viel miteinander zu tun hätten, die Intransparenz für wenig relevant hält und stattdessen die Kurzfristigkeit ins Zentrum seiner Überlegungen stellt.[269]

b) Problem der Kurzfristigkeit: Wechselfrist

Ausgehend von der grundsätzlichen Möglichkeit der satzungsmäßigen Ermöglichung einer OT-Mitgliedschaft, die aus Rechtsgründen für sich fragwürdig ist (s.o. C. III. 2. e)), versucht das BAG dem Problem Herr zu werden, dass die OT-Mitgliedschaft zu einem Instrument der Tarifflucht missbraucht[270] wird. Mitglieder bedienen sich des Verbandes bei Tarifverhandlungen, der Verband seiner Mitglieder und insbesondere ihrer Beiträge. Wenn ein kurzfristiger Wechsel während laufender Tarifverhandlungen erfolgt, ermöglicht das einen faktischen Schutz des Verbandes für die späteren OT-Mitglieder bei gleichzeitiger Revisionsmöglichkeit im Falle eines unerwünschten Tarifabschlusses durch kurzfristiges Abstreifen der Tarifbindung. Sofern nicht durch Satzung ausgeschlossen, kann die Mitgliedschaft privatautonom aufgehoben,[271] mithin auch der Mitgliedschaftsstatus gewechselt werden, und zwar auch kurzfristig,[272] sodass ein schnelles und effektives Abstreifen der Tarifbindungen unproblematisch ist.

Eine Gewerkschaft kann darauf oftmals nicht mehr zügig reagieren. Die Rückkehr der OT-Mitglieder in die T-Mitgliedschaft ist kein zulässiges Ziel des Verbandsarbeitskampfes, weil der Verband dieses nicht erfüllen kann. Streikmaßnahmen im Hinblick auf das Ziel des Flächentarifvertrages werden unzulässig;

266 *Krause*, GS Zachert, 2010, 605, 618 f.
267 Das sieht auch *Krause*, GS Zachert, 2010, 605, 620 f., so.
268 *Krause*, GS Zachert, 2010, 605, 620 f.
269 *Franzen*, FS Picker, 2010, 929, 936 ff.
270 Vgl. BKS-*Dierßen*, § 3 Rn. 46.
271 S.o. Fn. 204.
272 *Jacobs/Krois*, FS Reuter, 2010, 555, 561 ff.; Däubler-*Peter/Rödl*, TVG, § 2 Rn. 143; *Buchner*, NZA 2006, 1377, 1381.

die Rechtsprechung will solche auch nicht an den Grundsätzen zum Unterstützungsstreik[273] messen.[274] Das neue OT-Mitglied kann aber zu Haustarifverhandlungen aufgefordert und in dem Kontext auch mit Arbeitskampfmaßnahmen belegt werden.[275] Das Umschwenken auf die neuen OT-Mitglieder bindet Ressourcen durch Strategiewechsel und erfordert fortdauernde Mobilisierung. Zudem fällt dies insbesondere bei solchen OT-Mitgliedern schwer, deren Betriebe einen geringen Organisationsgrad aufweisen.[276] Hinzu kommt, dass der Wechsel in die OT-Mitgliedschaft einen Trick mit doppeltem Boden darstellen kann. Auf den Abschluss eines Haus- oder Anschlusstarifvertrages in Anspruch genommen, bleibt dem Arbeitgeber prinzipiell die Möglichkeit, in eine T-Mitgliedschaft (zurück) zu wechseln und sich so der Friedenspflicht zu vergewissern.[277] Eine durchlässig gestaltete Satzung ermöglicht die Nutzung der verschiedenen Mitgliedschaftsformen gleichsam zur Kombination der Vorteile aus Mitgliedschaft und Nicht-Mitgliedschaft[278] und erschwert so die Tarifverhandlungen.[279] Auf diese Weise würde es den OT-Mitgliedern ermöglicht, die Vorzüge aus beiden Welten (Außenseiter ohne Tarifbindung/Schutz des Verbandes in der Tarifauseinandersetzung) zu verbinden, was auf eine erhebliche Erschwerung der Tarifverhandlungen für die Gewerkschaft hinausläuft.[280] Im Übrigen setzt die Funktionsfähigkeit der Tarifautonomie ein informationelles Kräftegleichgewicht voraus,[281] an dem es allerdings fehlt, wenn eine Gewerkschaft nicht sicher weiß, wer ihr Gegner ist.

In der Literatur wird bisweilen darauf hingewiesen, dass die Rechtsprechung insofern wenig überzeugt, als sie selbst einen kurzfristigen Wechsel der Mitgliedschaftsform gestattet, hingegen bei Intransparenz tarifrechtliche Korrekturen vornehmen möchte.[282] Leider wird dann aber keine Konsequenz daraus gezogen.

---

273 Vgl. dazu BAG 19.6.2007 – 1 AZR 396/06, NZA 2007, 1055; Deinert/Wenckebach/Zwanziger-*Deinert*, § 126 Rn. 9.

274 BAG 19.6.2012 – 1 AZR 775/10, AP GG Art. 9 Arbeitskampf Nr. 177, Rn. 48; dazu zust. *Willemsen/Mehrens*, NZA 2013, 79, 81 f.; krit. *Klein*, jurisPR-ArbR 5/2013, Anm. 4; für die Zulässigkeit eines Unterstützungsstreiks LAG Berlin-Brandenburg 26.11.2010 – 8 Sa 446/10, ZTR 2011, 149; *Reuter*, RdA 1996, 201, 205; *Brahmstaedt*, Mitgliedschaft, 271 ff.

275 Vgl. *Buchner*, NZA 1994, 2, 7 f.

276 Däubler-*Peter/Rödl*, TVG, § 2 Rn. 144.

277 Vgl. BAG 19.6.2012 – 1 AZR 775/10, AP GG Art. 9 Arbeitskampf Nr. 177, Rn. 30, 47.

278 Vgl. *Blanke*, AiB 2000, 260, 267; ferner *Deinert*, RdA 2007, 83, 84, 87.

279 *Berg*, AuR 2001, 393, 394; Däubler-*Peter/Rödl*, TVG, § 2 Rn. 143.

280 *Deinert*, RdA 2007, 83, 88; *Klein*, jurisPR-ArbR 5/2013, Anm. 4; *Krause*, GS Zachert, 2010, 605, 607 f.; *Walser*, Einfluss der Rechtsordnung, 178 f.; i.E. a.A. *Willemsen/Mehrens*, NJW 2009, 1916, 1918.

281 Vgl. *Farouq*, Verfassungsrechtliche Vorgaben, 161 ff.

282 So etwa *Höpfner*, ZfA 2009, 541, 561 ff.; *Rieble*, RdA 2009, 280, 283.

Es ist festzuhalten, dass die OT-Mitgliedschaft die Funktionsfähigkeit der Tarifautonomie jedenfalls dann gefährdet, wenn sie als Mittel zur Entwertung von Flächentarifverhandlungen im Wege der Option zur kurzfristigen Tarifflucht missbraucht werden kann. Dabei macht es eben doch einen Unterschied, ob eine Gewerkschaft damit leben muss, dass Arbeitgeber den Arbeitgeberverband verlassen, oder ob Arbeitgebern die Möglichkeit eingeräumt ist, durch kurzfristigen Wechsel des Mitgliedschaftsstatus Katz und Maus mit der Gewerkschaft zu spielen, indem einerseits der Schutz des Verbandes vor Haustarifverhandlungen genutzt, andererseits die Verbandstarifbindung vermieden wird.[283] *Hensche* formuliert pointiert:

> *„Bei alledem lädt der [...] die Verbandszugehörigkeit im Übrigen nicht berührende Statuswechsel dazu ein, die Tarifgebundenheit von Fall zu Fall abzustreifen und selbst die Nachbindung nach § 3 III TVG zu umgehen.“*[284]

Franzen erkennt in dem Zusammenhang richtig, dass das Problem vor allem in der Möglichkeit des kurzfristigen Wechsels in die OT-Mitgliedschaft liegt und weniger in der Intransparenz. Er schlägt daher vor, die Wechselfrist einer Inhaltskontrolle zu unterziehen und eine Mindestfrist vorzusehen.[285] Dem ist zuzustimmen, wenngleich dies – entgegen *Franzen* – nicht auch auf der vereinsrechtlichen Ebene vollzogen werden muss. Allerdings werden Verbände, wenn eine solche Mindestfrist erst einmal anerkannt ist, überlegen müssen, ob sie diese auch in der Satzung vorsehen wollen, etwa um Beitragszahlungen zu erhalten. Der Vorzug dieser Lösung läge auch darin, eine Paritätsverschiebung zu vermeiden, die in der von *Behrens* und *Helfen* eingangs beschriebenen Nutzung als Drohkulisse (s.o. B. I.) liegen könnte.

Wenn ein Arbeitgeberverband Austrittsfristen bis zu einer Dauer von sechs Monaten vorsehen kann,[286] wäre es auch möglich, in der Satzung den Wechsel in die OT-Mitgliedschaft zumindest während laufender Tarifverhandlungen nur mit entsprechender Frist vorzusehen. Wenn das nicht geschieht, kann dies vereinsrechtlich zulässig sein, muss aber tarifrechtlich zum Schutz der Funktionsfähigkeit der Tarifautonomie ohne Folgen bleiben. Im Übrigen sind – insoweit ist der großzügigeren Rechtsprechung (s.o. D. I.) im Ergebnis zu widersprechen – zu kurze Fristen oder gar der Verzicht auf eine Frist für den Übertritt in die OT-Mitgliedschaft auch aus dem Gesichtspunkt der Satzungsklar-

---

283 Das übersieht etwa *Rieble*, RdA 2009, 280, 283 f.

284 *Hensche*, NZA 2009, 815, 816.

285 *Franzen*, FS Picker, 2010, 929, 939 f.

286 BGH 29.7.2014 – II ZR 243/13, NZA 2014, 1352, NZA 2014, 1352, Rn. 27; vgl. m.w.N. *Löwisch/Rieble*, § 3 Rn. 136; HWK-*Henssler*, § 3 TVG Rn. 11.

heit bedenklich.[287] Auch das spricht dafür, dass die Wechselfrist nicht kürzer sein darf als eine Austrittsfrist.[288]

Statt sechs Monaten schlägt *Franzen* eine Wechselfrist von drei Monaten vor, allerdings ohne dies näher zu begründen.[289] Immerhin ist das eine ausreichend lange Frist, die es ausschließt, im Wege kurzfristigen Abstreifens der Tarifbindung den Schutz der Verbandstarifverhandlungen mit einer tariflichen Außenseiterstellung zu kombinieren.

Grundsätzlich gibt es keinen Grund für einen Arbeitgeberverband, kürzere Fristen für den Wechsel in die OT-Mitgliedschaft statt für den Austritt vorzusehen, sofern die OT-Mitgliedschaft nicht just im vorbeschriebenen Sinne als Instrument zum kurzfristigen Abstreifen der Tarifbindung vorgesehen sein soll. Dies aber ist im Interesse der Funktionsfähigkeit der Tarifautonomie nicht anzuerkennen. Aus diesem Grund muss, dem Primat des Vereinsrechts folgend, eine kürzere Wechselfrist zwar vereinsrechtlich anerkannt werden, sie kann tarifvertragsrechtlich aber erst nach Ablauf der vereinsrechtlich wirksam vorgesehenen Austrittsfrist Wirkung erzeugen. Wenn bis dahin ein neuer Tarifvertrag zustande gekommen ist, bleibt das OT-Mitglied bis zu dessen Ende nach § 3 Abs. 3 TVG an diesen gebunden. Es gibt auch keinen Grund, eine privatautonom zwischen Vorstand des Arbeitgeberverbandes und seinem Mitglied vereinbarte Abkürzung der Wechselfrist tarifrechtlich anzuerkennen. Auch in diesem Fall muss das OT-Mitglied an den Tarifvertrag, der vor Ablauf der vereinsrechtlichen Austrittsfrist zustande gekommen ist, nach § 3 Abs. 3 TVG gebunden bleiben.

Im Ergebnis schließt dies ein Abstreifen der Tarifbindung durch Wechsel in die OT-Mitgliedschaft während laufender Tarifverhandlungen aus, falls die vereinsrechtliche Austrittsfrist nicht bereits während der Tarifverhandlungen abgelaufen ist. Diese Lösung hat zudem den Vorteil klar bestimmbarer Verhältnisse.

Nach alledem ist im Ergebnis davon auszugehen, dass ein Wechsel während laufender Tarifverhandlungen tarifrechtlich nur anzuerkennen ist,

- wenn die satzungsrechtlich für einen Austritt vorgesehene Frist vor Tarifabschluss abgelaufen ist und
- eine Mindestfrist von drei Monaten vor Tarifabschluss eingehalten wurde.

287 *Deinert*, RdA 2007, 83, 89 f.

288 I.E. ebenso *Wroblewski*, NZA 2007, 421, 425.

289 *Franzen*, FS Picker, 2010, 929, 940.

Welche Schlussfolgerungen sich hieraus für den „Blitz-Austritt“[290] aus dem Verband während laufender Tarifverhandlungen ergeben, muss an dieser Stelle nicht erörtert werden.

c) Problem der Intransparenz: Offenbarungsobliegenheit

Eine allgemeine Verpflichtung zur Offenlegung einer OT-Mitgliedschaft lehnt die Rechtsprechung ab.[291] Das ist letztlich die Konsequenz aus der (verfehlten, vgl. o. D. II. 2. b)) Annahme, dass die Funktionsfähigkeit der Tarifautonomie eine Kenntnis vom Kreis der Tarifgebundenen nicht voraussetze (s.o. C. II.) und nur der intransparente Wechsel während laufender Tarifverhandlungen tarifvertragsrechtlich unwirksam sei (s.o. D. II. 2. a)).

Freilich macht gerade die Fallgestaltung, in der der Arbeitgeber intransparent in eine OT-Mitgliedschaft wechselt, den Tarifvertrag zunächst weiter anwendet, wie dies oftmals geschieht, und erst später die OT-Mitgliedschaft und (vermeintlich) fehlende Tarifbindung geltend macht, deutlich, dass die Störung der Funktionsfähigkeit der Tarifautonomie gerade nicht davon abhängig ist, dass der intransparente Wechsel während laufender Tarifverhandlungen stattfindet, sondern vielmehr davon, dass Tarifverhandlungen erfolgen, bei denen die fehlende Tarifgebundenheit von Verbandsmitgliedern für die Gewerkschaft nicht transparent ist.[292] Denn das ermöglicht nach der Rechtsprechung zu jedem beliebigen späteren Zeitpunkt, sich auf die OT-Mitgliedschaft zu berufen und den Tarifvertrag dann nicht mehr anzuwenden. Da der Wechsel vor den betreffenden Tarifverhandlungen erfolgt ist, lässt die Rechtsprechung hier auch einen intransparenten Wechsel zu. Die Gewerkschaft verhandelt dann vor der Kulisse unzutreffender Annahmen über die Tarifgebundenheit, wobei die Unklarheit auf das Verhalten des Verbandes und des OT-Mitglieds zurückzuführen ist.

Insofern stimmt schon die Ausgangsprämisse nicht, dass die Tarifgebundenheit einzelner Mitglieder nicht bekannt sein müsse (s.o. C. II.). Es ist zwar richtig, dass Gewerkschaften auch sonst mit der Unwägbarkeit des Mitgliederbestands des Arbeitgeberverbandes leben müssen.[293] Insoweit unterscheidet sich aber der Austritt aus dem Verband als endgültige Verabschiedung von der verbandsgestützten Tarifflucht durch Wechsel in die OT-Mitgliedschaft.

290 Dazu BAG, 20.2.2008 – 4 AZR 64/07, AP GG Art. 9 Nr. 94.

291 BAG 21.11.2012 – 4 AZR 27/11, DB 2013, 1735, Rn. 32.

292 *Deinert/Walser*, Tarifvertragliche Bindung, 34 f.

293 Vgl. *Bauer/Haußmann*, RdA 2009, 99, 104; *Jacobs/Krois*, Anm. zu BAG 4.6.2008 – 4 AZR 419/07, AP TVG § 3 Nr. 38; *dies.*, FS Reuter, 2010, 555, 568.

Vor diesem Hintergrund kann nicht entscheidend sein, ob ein Wechsel in die OT-Mitgliedschaft während der aktuellen Tarifverhandlungen intransparent war. Es kommt vielmehr darauf an, ob der Wechsel in die OT-Mitgliedschaft überhaupt transparent erfolgt ist.[294] Ob ein Arbeitgeber der Gewerkschaft erst seit Kurzem oder schon lange seinen Wechsel in den tarifbindungslosen Status verheimlicht, kann keinen Unterschied machen. *Krause* spricht insofern von informiertem Verhandeln.[295] Folglich muss der Arbeitgeber, der intransparent zu einem OT-Mitglied geworden ist, an alle Tarifverträge gebunden bleiben, solange er den Statuswechsel nicht angezeigt hat. Das muss an sich bereits aus der bisherigen Rechtsprechung folgen, obwohl das BAG diese Konsequenz gerade nicht gezogen hat. Denn ein intransparenter Wechsel ist insgesamt und nicht nur vorübergehend nach Art. 9 Abs. 3 S. 2 GG (tarifrechtlich) nichtig (§ 134 BGB ist dafür im Übrigen entgegen der Rechtsprechung unerheblich, da die Rechtsfolge bereits aus Art. 9 Abs. 3 S. 2 GG folgt). Auch insoweit ist die Rechtsprechung wohl Opfer der berühmten „Schere im Kopf" geworden, als sie dies allein auf den verhandelten Tarifvertrag während des intransparenten Wechsels beschränken möchte. Art. 9 Abs. 3 S. 2 GG kennt nur die Folge der Nichtigkeit, nicht aber eine beschränkte Nichtigkeit. Nichtig ist aber das Rechtsgeschäft nach dieser Bestimmung, nicht etwa die Geheimhaltung.[296]

Dies bedeutet, dass ein intransparenter Wechsel in die OT-Mitgliedschaft vereinsrechtlich zwar wirksam ist (Primat des Vereinsrechts, s.o. D. I.), tarifrechtlich allerdings so lange nichtig ist, bis die notwendige Transparenz hergestellt ist. Das wirft dann allerdings die Frage auf, ob der Statuswechsel, der zunächst intransparent erfolgte, wegen dieser Nichtigkeit wiederholt werden muss. Da der Wechsel jedoch vereinsrechtlich wirksam war, spricht viel dafür, dass lediglich die notwendige tarifvertragsrechtliche Ergänzung nachgeholt werden muss, sodass mit Herstellung der im Hinblick auf die Funktionsfähigkeit der Tarifautonomie erforderlichen Transparenz die Tarifgebundenheit des OT-Mitglieds entfällt. Dies steht dann lediglich noch unter dem von der Rechtsprechung begründeten Vorbehalt, dass es der Gewerkschaft möglich sein müsse, auf den Statuswechsel zu reagieren.

Vor diesem Hintergrund trifft das OT-Mitglied eine Offenbarungsobliegenheit hinsichtlich des Statuswechsels.[297] Diese Offenbarung kann auch durch den Arbeitgeberverband erfolgen. Die Nachteile aus einem Unterlassen treffen aber das OT-Mitglied, das weiterhin mangels Offenbarung an den Tarifvertrag gebunden bleibt, sodass es im eigenen Interesse den Statuswechsel offenbaren sollte.

294 In diesem Sinne auch *Krause*, GS Zachert, 2010, 605, 622; Kempen/Zachert-*Stein*, § 2 Rn.163.

295 *Krause*, GS Zachert, 2010, 605, 620 f.

296 *Hensche*, NZA 2009, 815, 820.

297 Vgl. auch *Deinert/Walser*, Tarifvertragliche Bindung, 77 f.

Anders stellt sich die Situation hinsichtlich solcher OT-Mitglieder dar, die vorher Außenseiter waren. Hinsichtlich dieser Mitglieder konnte die Gewerkschaft auch bislang nicht berechtigt davon ausgehen, dass sie tarifgebunden sein würden. Den Beitritt als OT-Mitglied wegen Intransparenz als tarifrechtlich unwirksam anzusehen, kann daher nur bedeuten, das OT-Mitglied wie einen Außenseiter als nicht tarifgebunden zu behandeln.

Der Einwand gegen eine Offenbarungsobliegenheit, dann müsste die Gewerkschaft auch umgekehrt ihre Mitglieder dem Arbeitgeberverband gegenüber offenbaren,[298] überzeugt nicht.[299] Arbeitgeber sind anders als die Gewerkschaft regelmäßig nicht auf die Kenntnis der Tarifgebundenheit der potenziellen Mitglieder des sozialen Gegenspielers angewiesen. Für sie spielt es in der Regel keine Rolle, welche Arbeitnehmer gewerkschaftlich organisiert sind, weil sie Tarifverträge ohnehin regelmäßig auf alle Arbeitnehmer anwenden, um keinen Anreiz zu schaffen, der Gewerkschaft beizutreten. Selbst wenn einzelne Arbeitgeber kein Interesse daran haben, auch Außenseitern tarifvertragliche Arbeitsbedingungen zu gewähren, spielt das bei den Tarifverhandlungen für den Arbeitgeberverband keine Rolle. Der Arbeitgeber, der Außenseiter nicht nach Tarif behandeln möchte, kann dies zudem unproblematisch tun. Er kann die Initiative dem Arbeitnehmer überlassen, der geltend machen muss, tarifgebundenes Mitglied der tarifvertragschließenden Gewerkschaft zu sein.[300] Vor diesem Hintergrund muss es dabei bleiben, dass die Organisationszugehörigkeit von Arbeitnehmern grundsätzlich nicht offenbart werden muss.[301] Anders als verbandsangehörige Arbeitgeber haben organisierte Arbeitnehmer ein anerkennenswertes Interesse, ihre Organisationszugehörigkeit zur Vermeidung eventuell negativer Konsequenzen nicht offenlegen zu müssen. Das geschieht dann aber auch um den Preis, dass tarifgebundene Arbeitgeber sie wie Außenseiter behandeln, solange ihre Gewerkschaftsmitgliedschaft nicht offenbart wurde. Zumindest während laufender Tarifverhandlungen kommt hinzu, dass die Gewerkschaft ein zusätzliches Geheimhaltungsinteresse hinsichtlich der Mitgliedschaft hat, um hinsichtlich ihrer Durchsetzungskraft möglichst schwierig auszurechnen zu sein.[302] Auch das gilt nicht in vergleichbarem Maße für Arbeitgeberverbände.

Die Tarifvertragsparteien haben im Übrigen die Möglichkeit, sich im schuldrechtlichen Teil zu verpflichten, einen Wechsel in die OT-Mitgliedschaft zu offenbaren. Für das OT-Mitglied könnte eine entsprechende Verpflichtung auch

298 So *Bauer/Haußmann*, RdA 2009, 99, 106.
299 Vgl. bereits *Deinert/Walser*, Tarifvertragliche Bindung, S. 35.
300 Vgl. BAG 27.1.2010 – 4 AZR 549/08 (A), NZA 2010, 645, Rn. 69.
301 BAG 28.3.2000 – 1 ABR 16/99, NZA 2000, 1294.
302 BAG 18.11.2014 – 1 AZR 275/13, NZA 2015, 306, Rn. 30.

im normativen Teil des Tarifvertrages in Gestalt eines Auskunftsanspruchs des einzelnen tarifgebundenen Arbeitnehmers vereinbart werden. Der Statuswechsel des Arbeitgebers ändert an der Verpflichtung nichts, weil er nach § 3 Abs. 3 TVG weiterhin an diese gebunden ist. Problematisch scheint allerdings die Frage einer Sanktionierung zu sein. Selbst wenn Arbeitnehmern ein Schaden entstanden ist, dürfte der Nachweis der Kausalität schwerfallen, weil dies voraussetzen würde, dass das OT-Mitglied bei Erfüllung der Offenbarungspflicht von der Gewerkschaft erfolgreich zu einem vergleichbaren Tarifabschluss gebracht worden wäre.

III. Auskunftsanspruch

Ob die Gewerkschaft einen Auskunftsanspruch über den tarifgebundenen Mitgliederbestand des Arbeitgeberverbandes hat,[303] hat das BAG offengelassen.[304] Es hat lediglich entschieden, dass der Wechsel in die OT-Mitgliedschaft während laufender Tarifverhandlungen transparent erfolgen müsse (s.o. D. II. 2. a)).

Insoweit wird zum Teil vertreten, dass ein Auskunftsanspruch aus der tarifvertraglichen Beziehung zwischen Gewerkschaft und Arbeitgeberverband folgen kann.[305] Dabei ist davon auszugehen, dass ein allgemeiner Auskunftsanspruch aus § 242 BGB im Hinblick auf den Informationsvorsprung des Arbeitgeberverbandes gegeben sein kann, allerdings immer nur als Hilfsanspruch, etwa im Falle des potenziellen Tarifbruchs durch ein mögliches Mitglied.[306] Ob die Kenntnis sämtlicher tarifgebundener Mitglieder des Arbeitgeberverbandes im Übrigen Voraussetzung für die Effektivität der Tarifautonomie ist, sodass hieraus ein allgemeiner Auskunftsanspruch folgt, erscheint zweifelhaft.[307] Auch bisher hat das Tarifvertragssystem funktioniert, ohne dass die Gewerkschaften konkrete Kenntnis der Mitgliedschaftsverhältnisse in Bezug auf jeden einzelnen Unternehmer hatten. Insofern wäre auch die Frage, ob eine Gewerkschaft

---

303 Abl. *Brahmstaedt*, Mitgliedschaft, 252 ff.; *Rhodius*, Die OT-Mitgliedschaft, 225 ff.; bejahend Däubler-*Peter/Rödl*, TVG, § 2 Rn. 144; Kempen/Zachert-*Stein*, § 2 Rn. 165 ff.; *Thüsing/Stelljes*, ZfA 2005, 527, 567; vgl. ferner Deinert/Wenckebach/Zwanziger-*Deinert*, § 11 Rn. 8.

304 BAG 4.6.2008 – 4 AZR 419/07, AP TVG § 3 Nr. 38, Rn. 66.

305 Einen Auskunftsanspruch bejaht auch *Terhorst*, Ende der Tarifbindung, 272 ff., die dies allein auf die kollektivrechtliche Beziehung der Verbände stützt, gleichzeitig aber eine Bindung des OT-Mitglieds im Falle der Verletzung ablehnt; ebenso wohl *Rieble*, RdA 2009, 280, 284. Auch *Pfister*, Tarifrechtliche Unwirksamkeit, 91 ff., lehnt einen allgemeinen Auskunftsanspruch ab, leitet einen solchen aber aus der Tarifbeziehung her; ferner BKS-*Dierßen*, § 3 Rn. 58; zum parallelen Problem das Auskunftsanspruchs hinsichtlich dienstlicher Mailadressen für ein digitales Zugangsrecht der Gewerkschaft zum Betrieb *Klocke*, JR 2025, 463, 465 (in krit. Auseinandersetzung mit BAG 28.1.2025 – 1 AZR 33/24, NZA 2025, 1106).

306 *Ahrendt*, RdA 2010, 345, 346 f.; a.A. *Löwisch/Rieble*, § 3 Rn. 369.

307 So auch i.E. *Ahrendt*, RdA 2010, 345, 349 f.

darüber hinaus jenseits der Problematik effektiver Tarifverhandlungen im Hinblick auf die OT-Mitgliedschaft einen Auskunftsanspruch über den Mitgliedschaftsstatus eventueller OT-Mitglieder hat, zu verneinen.[308]

Nach hier vertretener Ansicht trifft das OT-Mitglied allerdings ohnehin eine Offenbarungsobliegenheit hinsichtlich des Statuswechsels, um die tarifvertragsrechtliche Rechtsfolge der Beendigung der Tarifgebundenheit herbeizuführen. In diesem Fall erübrigt sich die Frage nach einem Auskunftsanspruch weitestgehend.[309] Denn die Gewerkschaft verhandelt tatsächlich auch für das intransparent in die OT-Mitgliedschaft gewechselte Mitglied des Arbeitgeberverbands.

Anders stellt sich die Situation für OT-Mitglieder dar, die bisher nicht Mitglieder waren. Hinsichtlich dieser Unternehmen konnte die Gewerkschaft schon bisher nicht davon ausgehen, Verbandstarifverhandlungen zu führen. Möchte sie diese OT-Mitglieder in eine Tarifbindung zwingen, bleibt ihr nur die Möglichkeit, sie zu Haustarifverhandlungen aufzufordern.

Ein allgemeiner Auskunftsanspruch über OT-Mitgliedschaften wirft auch die Frage der Rechtsfolge im Falle einer verweigerten oder unzutreffenden Beantwortung auf. Ein Schadensersatzanspruch der Gewerkschaft würde insoweit wenig bringen. Selbst wenn sich ein Schaden aus unnützen Arbeitskampfmaßnahmen gegen das OT-Mitglied beziffern ließe, hätten die Mitglieder der Gewerkschaft dadurch immer noch keine tariflichen Ansprüche. Demgegenüber könnten die Mitglieder keine eigenen Schadensersatzansprüche aus der Verletzung von Auskunftsansprüchen der Gewerkschaft herleiten. Was umgekehrt das Problem der Inanspruchnahme der Gewerkschaft durch das OT-Mitglied im Hinblick auf Kampfmaßnahmen hinsichtlich eines Verbandstarifvertrages angeht, bedarf es eines echten Auskunftsanspruchs nicht: Wer auf die Nachfrage der Gewerkschaft einen Wechsel von der T- in die OT-Mitgliedschaft verheimlicht, kann der Gewerkschaft schon nicht schuldhaftes Herbeiführen eines Schadens vorwerfen und würde ansonsten dem Einwand des weit überwiegenden Mitverschuldens (§ 254 Abs. 1 BGB) ausgesetzt sein.

Demgegenüber erkennt die Rechtsprechung einen Auskunftsanspruch des Arbeitnehmers hinsichtlich der Verbandszugehörigkeit des Arbeitgebers an.[310] In einer neueren Entscheidung wurde allerdings betont, dass eine Verletzung einer solchen Pflicht jedenfalls nicht die Bindung an den Tarifvertrag zur Folge

308 Ebenso i.E. *Ahrendt*, RdA 2010, 345, 350 f.

309 Die Forderung nach einem Auskunftsrecht ist subsidiär gegenüber der nach einer Offenbarungsobliegenheit, vgl. *Deinert/Walser*, Tarifvertragliche Bindung, 78.

310 BAG 19.3.2003 – 4 AZR 331/02, AP TVG § 1 Bezugnahme auf Tarifvertrag Nr. 33.

hätte.[311] Im Übrigen wurde die Frage eines individuellen Informationsanspruchs über einen Statuswechsel des Arbeitgebers offen gelassen.[312] Das ist wichtig für die Durchsetzung individueller Rechte (s.o. III 2), spielt für die Funktionsfähigkeit der Tarifautonomie aber keine Rolle.

IV. Wechsel in die T-Mitgliedschaft als zulässiges Arbeitskampfziel

Erkennt man erst einmal, dass die OT-Mitgliedschaft sich jedenfalls nicht nur als Instrument der Organisationssicherung verstehen muss, sondern oftmals auch als Mittel zum erleichterten Abstreifen von Verbandstarifverbindungen, stellt sich die Frage, ob es die damit verbundene Gefährdung der Funktionsfähigkeit der Tarifautonomie rechtfertigt, dass eine Gewerkschaft in Ausübung ihrer Koalitionsfreiheit versucht, diesem Angriff auf das System entgegenzutreten. Naheliegenderweise könnte sie versuchen, eine Verbandsmitgliedschaft mit Tarifbindung (T-Mitgliedschaft) für OT-Mitglieder herbeizuführen und zu sichern. Das wirft die Frage auf, ob es zulässiges Ziel eines Tarifvertrages sein kann, dass ein Arbeitgeber T-Mitglied des Arbeitgeberverbandes wird bzw. bleibt.[313] Denn aus Sicht einer Gewerkschaft ist der Flächentarifvertrag vorzugswürdig gegenüber einem Haus- bzw. Anschlusstarifvertrag, der neben dem Flächentarifvertrag gesondert verhandelt und gegebenenfalls im Wege des Arbeitskampfes erkämpft werden muss.[314] Anders wäre es, wenn mit einem Haustarifvertrag bessere Bedingungen zu erreichen wären. Das aber wird regelmäßig nicht der Fall sein, weil insbesondere Arbeitgeber mit geringem Organisationsgrad im Betrieb die OT-Mitgliedschaft anstreben (s.o. B. II.). Ein solches Tarifziel des Wechsels in die bzw. des Verbleibs in der T-Mitgliedschaft würde zudem das Drohszenario des Wechsels von Mitgliedern in die OT-Mitgliedschaft im Rahmen der Tarifverhandlungen (s.o. zur Strategie zur Stärkung der Verhandlungsmacht unter II. 1.) erheblich relativieren.

Das Ziel eines Eintritts in den oder eines Verbleibs im Verband bzw. des Wechsels in den und des Verbleibs im T-Status lässt sich allerdings nicht durch einen Verbandstarifvertrag erreichen. Denn das wäre ein Eingriff in die individuelle Koalitionsfreiheit des Außenseiters beziehungsweise des Austritts- oder Wechselwilligen.[315]

311 BAG 20.5.2009 – 4 AZR 179/08, AP TVG Verbandszugehörigkeit Nr. 27, Rn. 38.

312 BAG 20.5.2009 – 4 AZR 179/08, AP TVG Verbandszugehörigkeit Nr. 27, Rn. 41.

313 *Deinert/Walser*, Tarifvertragliche Bindung, 77.

314 *Deinert*, AuR 2006, 217, 218.

315 *Deinert/Walser*, Tarifvertragliche Bindung, 221 f.; *Krause*, GS Zachert, 2010, 605, 613.

Allerdings könnte dieses Bestreben zum Gegenstand des schuldrechtlichen Teils eines Haustarifvertrages mit dem OT-Arbeitgeber gemacht werden. Für den normativen Teil eignet es sich nicht, weil es keinem der in § 1 Abs. 1 TVG genannten Regelungsgegenstände zugeordnet werden kann und auch nicht sinnvoll Gegenstand einer normativen Bestimmung für das Arbeitsverhältnis sein könnte.

Der OT-Arbeitgeber könnte sich auf diese Weise zum Beitritt und zum Verbleib im Arbeitgeberverband mit T-Mitgliedschaft verpflichten. Sein Austrittsrecht bzw. das Recht zum Statuswechsel in die OT-Mitgliedschaft kann gemäß § 137 S. 1 BGB nicht beschränkt werden, sodass eine Gewerkschaft auch nicht etwa den Verbleib im Verband gerichtlich erzwingen könnte. Eine diesbezügliche Verpflichtung ist aber nach § 137 S. 2 BGB möglich.[316]

Eine Verletzung dieser Pflicht würde die vereinsrechtlichen Konsequenzen des Wechsels in eine OT-Mitgliedschaft zwar nicht infrage stellen. Es spricht aber viel dafür, dass der Statuswechsel entsprechend den bisherigen Grundsätzen der Rechtsprechung (s.o. D. II.) tarifrechtlich unwirksam ist,[317] weil angesichts des versprochenen Verbleibs in einer T-Mitgliedschaft die Funktionsfähigkeit der Tarifautonomie infrage gestellt wird, wenn sich im Nachhinein herausstellt, dass die im Flächentarifvertrag verhandelten Inhalte für den Arbeitgeber nicht gelten. Ohnehin aber gelten die normativen Inhalte des Tarifvertrages wegen § 3 Abs. 3 TVG bis zu seinem Ende weiter. Auch hier hat der absprachewidrige Austritt aus dem Arbeitgeberverband Relevanz vor allem im Falle der Intransparenz (vgl. o. D. II. 2.). Zudem könnte der Arbeitgeber sich seinen tarifgebundenen Arbeitnehmern gegenüber nach dem Rechtsgedanken des § 162 BGB nicht darauf berufen, dass er vertragsbrüchig nicht in der T-Mitgliedschaft verblieben ist.[318]

Freilich sieht die Rechtsprechung in der Vereinbarung eines Verbleibs des Arbeitgebers in dem Arbeitgeberverband eine gegen die Koalitionsfreiheit gerichtete Maßnahme i.S.d. Art. 9 Abs. 3 S. 2 GG.[319] Das kann allerdings nicht überzeugen. Jede vertragliche Bindung bedeutet auch einen Verzicht auf die Ausübung bestimmter Grundrechte auf Zeit. Nicht viel anders ist es ja beispielsweise im Falle eines Anerkennungstarifvertrages mit dem Außenseiter-Arbeitgeber oder gar im Falle der Nachbindung des Verbandsmitglieds nach

316 *Deinert/Walser*, Tarifvertragliche Bindung, 222.

317 Vgl. *Deinert/Walser*, Tarifvertragliche Bindung, 222 f.

318 Vgl. *Deinert/Walser*, Tarifvertragliche Bindung, 222.

319 BAG 19.9.2006 – 1 ABR 2/06, AP TVG § 3 Verbandszugehörigkeit Nr. 22 (= NZA 2007, 277); zust. *Hinkers*, Rechte und Pflichten im Arbeitgeberverband, 158 f.

Austritt an einen Haustarifvertrag mit dynamischer Verweisung auf den Verbandstarifvertrag.[320]

Im Hinblick darauf, dass grundsätzlich auch erstreikbar ist, was tariflich regelbar ist,[321] kann das Tarifziel des Wechsels in die bzw. des Verbleibs in der T-Mitgliedschaft auch Gegenstand des Arbeitskampfes sein.[322]

V. Verpflichtung zur Stellung eines Antrags auf Allgemeinverbindlicherklärung des Verbandstarifvertrages

Gewerkschaften könnten auch versuchen, tarifautonom die Funktionsfähigkeit des Systems dadurch zu sichern, dass sie einer Tarifflucht durch OT-Mitgliedschaften begegnen, indem sie eine Allgemeinverbindlicherklärung des Tarifvertrages anstreben. Durch die Allgemeinverbindlicherklärung werden gemäß § 5 Abs. 4 TVG auch nicht tarifgebundene Arbeitgeber und Arbeitnehmer im Geltungsbereich des Tarifvertrages von dessen Rechtsnormen erfasst. Die Außenseiterstellung schließt mit der Allgemeinverbindlicherklärung also keine Tarifbindung mehr aus. Das gilt für Arbeitgeber, die nicht Mitglied des Arbeitgeberverbandes sind, gleichermaßen wie für OT-Mitglieder.[323] Auch die OT-Mitglieder fallen regelmäßig in den Geltungsbereich des Verbandstarifvertrages. Anders war es zwar nach dem früheren Konzept der personell beschränkten Tarifzuständigkeit: Da der Geltungsbereich des Tarifvertrages nicht weiter gehen kann als die Tarifzuständigkeit der Verbände, könnten OT-Mitglieder in dieser Konzeption mangels Tarifzuständigkeit des Verbandes nicht durch eine Allgemeinverbindlicherklärung erfasst werden, weil sie außerhalb des Geltungsbereichs des Tarifvertrages stünden. Nachdem aber nunmehr klar ist, dass die OT-Mitgliedschaft keine Frage der Tarifzuständigkeit ist (s.o. C. I.), kann eine Allgemeinverbindlicherklärung ebenso OT-Mitglieder wie Außenseiter erfassen.

Die Allgemeinverbindlicherklärung setzt einen gemeinsamen Antrag der Tarifvertragsparteien gemäß § 5 Abs. 1 S. 1 TVG voraus. Ein solcher gemeinsamer Antrag schafft zwar noch keine Allgemeinverbindlichkeit, ist aber Voraussetzung für eine solche. Um dies zu erreichen, könnte eine Gewerkschaft versu-

320 In diesem Fall bleibt die Bindung an den verweisenden Haustarifvertrag wegen § 3 Abs. 3 TVG erhalten, BAG 23.10.2013 – 4 AZR 703/11, NZA 2014, 262.

321 BAG 24.4.2007 – 1 AZR 252/06, AP TVG § 1 Sozialplan Nr. 2, Rn. 95.

322 *Deinert/Walser*, Tarifvertragliche Bindung, 226.

323 *Buchner*, NZA 2006, 1378, 1379.

chen, den Arbeitgeberverband dazu zu bringen, dass er sich verpflichtet, sich an der gemeinsamen Antragstellung zu beteiligen.

Damit würde der Arbeitgeberverband allerdings einen Beitrag zur Tarifgebundenheit der OT-Mitglieder leisten. Selbst wenn dies satzungsrechtlich unzulässig wäre, bliebe dies aber ein Internum des Verbandes.[324] Tarifrechtlich läge eine zulässige schuldrechtliche Verpflichtung im Sinne des § 1 Abs. 1 TVG vor.[325] Selbst wenn man davon ausgeht, dass der schuldrechtliche Teil auf solche Verpflichtungen zwischen den Tarifvertragsparteien beschränkt bleibt, die der Durchführung und Durchsetzung von Tarifverträgen dienen, ist die Verpflichtung einer gemeinsamen Antragstellung unproblematisch davon erfasst.[326] Denn die Allgemeinverbindlicherklärung sichert die tarifliche Ordnung gegen Unterbietungswettbewerb durch Außenseiter.

Eine solche Regelung wäre auch von der Tarifmacht erfasst. Sie verletzt zunächst nicht die negative Koalitionsfreiheit.[327] Es ist längst anerkannt, dass die Allgemeinverbindlicherklärung die negative Koalitionsfreiheit nicht verletzt,[328] wie ganz allgemein das Fernbleiberecht nicht im Sinne einer negativen Tarifvertragsfreiheit zu verstehen ist (s.o. D. II.). Für OT-Mitglieder kommt hinzu, dass sie in Wirklichkeit gar nicht von der negativen Koalitionsfreiheit Gebrauch gemacht haben (s.o. C. III. 1.). Aber auch die positive Koalitionsfreiheit, von der ein OT-Mitglied Gebrauch gemacht hat, wird durch die Bindung an Tarifverträge nicht verletzt. Wenn dem Vernehmen nach bei Tarifverhandlungen bisweilen eingewandt wird, OT-Mitglieder würden eine Allgemeinverbindlicherklärung nicht akzeptieren, bleibt dies am Ende ein Verbandsinternum, das im Rahmen der tarifpolitischen Erwägungen zu berücksichtigen Sache des Verbandes ist, solange die OT-Mitglieder nicht etwa gar unzulässig (vgl. o. D. II. 1.) Einfluss auf die Tarifpolitik haben.[329]

Es bleibt dann freilich die Frage, ob eine solche schuldrechtliche Verpflichtung auch im Wege des Arbeitskampfes gegen den Arbeitgeberverband durchgesetzt werden kann. Insoweit wird zum Teil davon ausgegangen, dass schuldrechtliche Pflichten nicht im Wege des Arbeitskampfes erkämpft werden können. Das verkennt den Gewährleistungsgehalt des Art. 9 Abs. 3 GG, der es Gewerkschaften und Arbeitgeberverbänden gestattet, für die Arbeits- und

324 Das übersehen *Ubber/Grundherr*, ZfA 2024, 264, 276.

325 *Löwisch/Rieble*, § 5 Rn. 257; Däubler-*Lakies/Rödl*, § 5 Rn. 84; *Prokop*, Die Allgemeinverbindlicherklärung nach § 5 TVG, 82 f.

326 A.A. *Frank*, ZESAR 2024, 217, 222.

327 A.A. *Ubber/Grundherr*, ZfA 2024, 264, 275.

328 BVerfG 24.5.1977 – 2 BvL 11/74, BVerfGE 44, 322.

329 Vgl. *Deinert*, Die konditionierte Allgemeinverbindlicherklärung, 44.

Wirtschaftsbedingungen einzutreten. Auch wenn man davon ausgeht, dass ein Arbeitskampf tarifbezogen sein muss,[330] ist dies beim Kampf um schuldrechtliche Verpflichtungen gegeben.[331] Der Arbeitskampf um die Verpflichtung zum Antrag auf Allgemeinverbindlicherklärung ist daher zulässig.[332]

Dennoch wird aus verschiedenen Gründen bestritten, dass ein Arbeitskampf um die Verpflichtung auf einen gemeinsamen Antrag auf Allgemeinverbindlicherklärung zulässig sei. So wird behauptet, die Allgemeinverbindlicherklärung sei staatliche Aufgabe, den Tarifvertragsparteien fehle das Mandat zur Regelung der Arbeitsbedingungen von Außenseitern.[333] Das beruht freilich auf einem Konzept, das einer, wie gezeigt (s.o. C. III. 2.), verfehlten Vorstellung der kollektiven Privatautonomie anhängt. Auch die Annahme, der Arbeitgeberverband müsse frei über die Frage der gemeinsamen Antragstellung im Sinne eines „Vetorechts“ befinden können[334] und der Arbeitskampf im Hinblick auf das Ziel einer solchen Entscheidung sei im Ergebnis ein politischer Arbeitskampf,[335] überzeugt nicht. Die Entscheidung ist und bleibt frei, freilich nicht ohne Druck. Das ist aber auch sonst bei Tarifverhandlungen so.[336] Auch handelt es sich nicht um einen politischen Streik, da der Arbeitskampf auf die Verpflichtung zur Antragstellung gerichtet ist, nicht auf die Allgemeinverbindlicherklärung als solche.

---

330 Vgl. BVerfG 12.6.2018 – 2 BvR 1738/12 u.a., NVwZ 2018, 1121, Rn. 140; BAG 20.12.1963 – 1 AZR 428/62, AP GG Art. 9 Arbeitskampf Nr. 32; BAG 14.2.1978 – 1 AZR 76/76, AP GG Art. 9 Arbeitskampf Nr. 58.

331 Hess. LAG 12.3.2024 – 10 GLa 229/24, NZA 2024, 711, Rn. 56; LAG Nürnberg, 20.7.2023 – 3 SaGA 6/23, NZA-RR 2023, 539, Rn. 59; BKS-*Wankel/Garloff*, AKR, Rn. 58b; *Bayreuther*, NZA 2024, 649, 654 f.; *Frank*, ZESAR 2024, 217, 223; *Stach*, DB 2025, 1756 ff.; a.A. *Giesen*, ZfA 2025, 30, 41 f.; *Greiner*, NZA 2008, 1274, 1277; *Ubber/Grundherr*, ZfA 2024, 264, 283 ff.

332 LAG Nürnberg 8.4.2025 – 7 SLa 213/24, BeckRS 2025, 24068; LAG Köln 10.7.2025 – 8 SLa 582/24, NZA-RR 2025, 664; ErfK-*Linsenmaier*, Art. 9 GG Rn. 114; BKS-*Wankel/Garloff*, AKR, Rn. 58c; *Stach*, DB 2025, 1756, 1760 f.; *Deinert*, Die konditionierte Allgemeinverbindlicherklärung, 43 f.; *Däubler*, Gemeinsame Beantragung einer AVE; *Rödl*, NZA 2025, 1603 ff.; als jedenfalls nicht offensichtlich rechtswidrig angesehen von LAG Nürnberg 20.7.2023 – 3 SaGa 3/23; ArbG Köln 6.6.2023 – 17 Ga 27/23, NZA-RR 2023, 428.

333 *Frank*, ZESAR 2024, 217, 223 f.; ähnl. *Giesen*, ZfA 2025, 30, 36 ff.; *Ubber/Grundherr*, ZfA 2024, 264, 272 ff.

334 *Löwisch/Rieble*, § 5 Rn. 244, 258; *Ubber/Grundherr*, ZfA 2024, 264, 268 ff.

335 *Giesen*, ZfA 2025, 30 ff.

336 BKS-*Wankel/Garloff*, AKR, Rn. 58c.

E. Rechtspolitischer Handlungsbedarf

Wenn es nicht bald gelingt, den Rückgang der Tarifbindung in den Griff zu bekommen, ist das deutsche System autonomer Setzung der Arbeitsbedingungen akut gefährdet. Zu dieser Gefährdung können OT-Mitgliedschaften durchaus einen Beitrag leisten. Eine Allgemeinverbindlicherklärung kann immerhin dazu führen, dass die Tarifverträge des Verbandes auch die OT-Mitglieder erfassen (s.o. D. V.). Dadurch würde freilich an Symptomen kuriert.

Dieterich resümierte 2011, dass die Funktionsstörungen der Tarifautonomie im Hinblick auf die OT-Mitgliedschaft den Gesetzgeber wohl noch nicht forderten.[337] Das scheint zumindest aus heutiger Sicht nicht mehr so eindeutig. OT-Mitgliedschaften haben keinen Beitrag zur Stärkung der Tarifbindung geleistet. Sie stellen aber ein Mittel zur gefahrlosen Tarifflucht dar. Überdies kann die Drohung mit kurzfristigen Wechseln Druck auf das Verhandlungsgleichgewicht erzeugen.[338] Wenn die Rechtsprechung hiergegen nicht einschreitet, scheint der Gesetzgeber gefordert.

Die Förderung autonomer Tarifverhandlungen ist auch Vorgabe der europäischen Mindestlohnrichtlinie (EU) 2022/2041[339], deren Umsetzungsfrist am 15. November 2024 abgelaufen ist. Nachdem der EuGH die Richtlinie auf die Nichtigkeitsklage Dänemarks im Wesentlichen rechtlich gehalten hat,[340] ist das für den Gesetzgeber Anlass genug, das Tarifvertragssystem in den Blick zu nehmen. Zu Recht sieht auch der Koalitionsvertrag der aktuellen Regierungsparteien eine höhere Tarifbindung als Ziel vor: „Tariflöhne müssen wieder die Regel werden und dürfen nicht die Ausnahme bleiben." Konkret wird zudem ein Bundestariftreuegesetz in Aussicht gestellt.[341] Der Zeitpunkt für ergänzende Regelungen scheint insoweit also nicht schlecht.

In dem Zusammenhang wird vertreten, dass das Verbot von OT-Mitgliedschaften (bzw. rechtlich gesehen: deren tarifrechtliche Unwirksamkeit) die Funktion der Arbeitgeberverbände als Tarifvertragsparteien deutlich stärke und da-

337 *Dieterich*, NZA Beilage 2/2011, 84, 86.

338 BKS-*Dierßen*, § 3 Rn. 51 f.

339 Richtlinie (EU) 2022/2041 des Europäischen Parlaments und des Rates vom 19. Oktober 2022 über angemessene Mindestlöhne in der Europäischen Union, Abl. L 275/33.

340 EuGH 11.11.2025 – C-19/23, NZA 2025, 1693 – Dänemark/Parlament und Rat.

341 Verantwortung für Deutschland, Koalitionsvertrag zwischen CDU, CSU und SPD, 21. Legislaturperiode, Zeilen 552 ff. S. dazu den Gesetzentwurf der Bundesregierung, BT-Drs. 21/1941.

mit einen Beitrag zur Steigerung der Tarifbindung leiste.[342] Dagegen spricht jedenfalls nicht, dass Gewerkschaften Beamte und Rentner organisieren.[343] Der Umstand, dass für diese keine Tarifverträge geschlossen werden können, macht sie noch nicht zu OT-Mitgliedern von Gewerkschaften. Allerdings ist insoweit Skepsis geboten. Auch wenn im Rahmen dieser Studie herausgearbeitet wurde, dass OT-Mitglieder nicht Außenseiter, sondern Mitglieder sein möchten, ist keineswegs ausgemacht, dass die Verpflichtung auf Tarifbindung in der Entscheidungssituation für potenzielle OT-Mitglieder überwiegend in die T-Mitgliedschaft bzw. in den Verbleib in dieser mündet. Das Fernbleiberecht in seiner Gestalt als Austrittsrecht könnte gleichermaßen genutzt werden, und es ist zu vermuten, dass gerade diejenigen OT-Mitglieder, die mit einer geringen Wahrscheinlichkeit eines erfolgreichen Kampfes der Gewerkschaft um einen Haustarifvertrag konfrontiert wären, eher austreten. Das wäre ein Pyrrhussieg für die Tarifbindung.

Wenn der Gesetzgeber sich nicht gegen eine OT-Mitgliedschaft wenden möchte, sollte sie doch ihres Einflusses auf das Tarifvertragssystem beraubt werden. Die gesetzliche Anordnung fortbestehender Tarifgebundenheit im Falle der Unterschreitung einer Mindestwechselfrist scheint insoweit ebenso geboten wie eine Offenbarungsobliegenheit des OT-Mitglieds mit der Folge einer Tarifgebundenheit, solange die OT-Mitgliedschaft nicht offengelegt wird. In dem Fall würde sich die Frage der Schaffung eines gesetzlichen Auskunftsanspruchs über Veränderungen im Mitgliederbestand des Arbeitgeberverbandes[344] erübrigen. Noch transparenter wäre die Führung eines öffentlichen „OT-Registers“ mit der Folge, dass die Tarifgebundenheit eines Verbandsmitglieds nur bei Eintragung in das Register ausgeschlossen ist. Klargestellt werden sollte auch, dass die Selbstverpflichtung eines Arbeitgebers, Mitglied eines Arbeitgeberverbandes zu werden und zu bleiben, Gegenstand des schuldrechtlichen Teils eines Tarifvertrages sein kann.

Nicht beantwortet werden konnte mit diesen rechtlichen Erwägungen das grundsätzliche Problem der Abwendung von Arbeitgebern vom Arbeitgeberverband. Dass starke Gewerkschaften Druck auf Arbeitgeber erzeugen können mit der Folge, dass diese den Schutz eines Arbeitgeberverbandes suchen, steht außer Frage. Ob Gewerkschaften sich überdies darauf einlassen möchten, dass Arbeitgeber trotz Mitgliedschaft im Arbeitgeberband nicht an Tarifverträge gebunden sind, ist dann eine tarif- und organisationspolitische Frage, die sie selber beantworten müssen. Wenn dies bejaht wird, gibt es für die Frage durch-

342 *Schulten/Müller*, WSI-Mitt. 2024, 441, 446; *Däubler*, Rechtliche Aspekte, 23 f.

343 So aber *Höpfner*, RdA 2025, 219, 220.

344 *Däubler*, Rechtliche Aspekte, 24 f.

aus ein Konzept: Anerkannt ist durch die Rechtsprechung, dass es zur Satzungsautonomie eines Arbeitgeberverbandes gehört, eine OT-Mitgliedschaft einzuführen. Problematisch sind lediglich die tarifrechtlichen Konsequenzen. Dass die OT-Mitgliedschaft ohne Tarifbindung bleibt, kann der Arbeitgeberverband aber im Wege der tariflichen Einigung mit der Gewerkschaft erreichen, indem der Geltungsbereich eines Tarifvertrages auf die T-Mitglieder beschränkt wird. Das ist anerkanntermaßen möglich.[345]

345 BAG 24.2.1999 – 4 AZR 62/98, RdA 2000, 104, 106, m.Anm. *Zachert*; *Besgen*, SAE 2000, 141, 146; *Buchner*, NZA 1994, 2, 3; *Däubler*, NZA 1996, 225, 231; *ders.*, ZTR 1994,448, 453; *Otto*, NZA 1996, 624, 627; *Deinert*, AuR 2006, 217, 219; *Terhorst*, Ende der Tarifbindung, 76 f.; vgl. auch *Benecke*, in: Giesen/Junker/Rieble (Hrsg.), Ordnungsfragen des Tarifvertragsrechts, 45, 59.

F. Die wesentlichen Ergebnisse

Die vorliegende Untersuchung hat sich auf die OT-Mitgliedschaft im Stufenmodell konzentriert. Dazu haben sich folgende Erkenntnisse ergeben.

1. Das Ziel einer Mitgliedschaft im Arbeitgeberverband ohne Tarifbindung lässt sich nicht über eine satzungsrechtliche Bestimmung der Tarifzuständigkeit in personeller Hinsicht erreichen.
2. Die OT-Mitgliedschaft ist ein Problem der Tarifgebundenheit.
3. Die OT-Mitgliedschaft hat zu einer Stabilisierung der Mitgliederverhältnisse in den Arbeitgeberverbänden geführt, bei gleichzeitig ungebrochenem Trend sinkender Tarifbindung.
4. OT-Mitgliedschaften können neben dem Ziel der Organisationssicherung auch der Stärkung der Verbandsmacht des Arbeitgeberverbandes dienen. Sie können auch Teil einer Exit-Strategie als Vorstufe zum kollektiven Tarifaufstieg sein.
5. Die Rechtsprechung hat die Verbreitung der OT-Mitgliedschaft durch Schaffung von Rechtssicherheit befördert.
6. OT-Mitgliedschaften sind durch das Interesse des Arbeitgebers an Verbandsleistungen, die keinesfalls nur jenseits der Tarifpolitik liegen, gleichzeitig aber den Unwillen zur Gewährung tarifvertraglicher Bedingungen motiviert. Dies wird besonders begünstigt durch fehlende betriebliche Interessenvertretungsstrukturen und einen schwachen Organisationsgrad im Betrieb, weil Gewerkschaften und Betriebsräte Druck in Richtung auf die Gewährung tariflicher Bedingungen ausüben können.
7. Die Satzungsautonomie gestattet nur die Ausgestaltung der Mitgliedschaft, nicht aber der Rechtsverhältnisse zu Dritten.
8. Die grundsätzliche Anerkennung fehlender Tarifgebundenheit von OT-Mitgliedern durch die Rechtsprechung stützt sich zu Unrecht auf einen fehlenden Legitimationsakt und verkennt die Tarifgebundenheit kraft Gesetzes im Falle einer vereinsrechtlich wirksam begründeten Mitgliedschaft (§ 38 BGB) im Arbeitgeberverband. Diese Erkenntnis lag unausgesprochen dem (untauglichen) Versuch einer Konstruktion über eine personell beschränkte Tarifunzuständigkeit zugrunde. Eine OT-Mitgliedschaft ist daher nicht mit dem geltenden Recht (§ 3 Abs. 1 TVG) vereinbar.
9. Die Lehre von der kollektiven Privatautonomie taugt als Erklärungsmuster, gestattet aber keine Korrekturen des gesetzlich ausgestalten Tarifvertragssystems. Verfassungsrechtlich ist somit keine Auslegung geboten, die den Inhalt von § 3 Abs. 1 TVG einschränkt.
10. OT-Mitglieder wollen Mitglieder des Verbandes sein, nicht Nicht-Mitglieder. Die Heranziehung des Fernbleiberechts ist daher verfehlt.

11. Der Primat des Vereinsrechts ist nicht zu beanstanden, wenn die Funktionsfähigkeit der Tarifautonomie durch tarifrechtliche Korrekturen bei Bedarf gesichert werden kann.
12. Das Trennungsgebot zur Gewährleistung eines Gleichlaufs von Verantwortlichkeit und Betroffenheit durch die Rechtsprechung ist eine zum Schutz der Funktionsfähigkeit der Tarifautonomie sinnvolle Begrenzung der Gestaltungsmöglichkeiten durch die Satzung.
13. Das Transparenzgebot vermag in seiner derzeitigen Ausgestaltung durch die Rechtsprechung die Funktionsfähigkeit der Tarifautonomie nicht zu gewährleisten, weil es Gefährdungen der Tarifautonomie durch kurzfristige Wechsel unsachgemäß mit Gefährdungen der Tarifautonomie durch Intransparenz verquickt.
14. Ein Ausschluss der Tarifgebundenheit durch Statuswechsel kann nur anerkannt werden,
    - wenn die satzungsrechtlich für einen Austritt vorgesehene Frist vor Tarifabschluss abgelaufen ist und
    - eine Mindestfrist von drei Monaten vor Tarifabschluss eingehalten wurde.
15. Die Verletzung einer Offenbarungsobliegenheit hinsichtlich eines Statuswechsels (nicht hinsichtlich einer Statusbegründung) schließt es aus, dass das OT-Mitglied aus der Tarifgebundenheit entlassen wird.
16. Die Verpflichtung, eine T-Mitgliedschaft zu begründen und nicht zu beenden, kann Gegenstand eines Haustarifvertrages sein. Wird sie verletzt, ohne dass dies offenbart wird, ist ein Statuswechsel tarifrechtlich unwirksam. Darüber hinaus kann der Arbeitgeber sich seinen Arbeitnehmern gegenüber analog § 162 BGB nicht auf den Statuswechsel unter Verletzung seiner tarifvertraglichen Verpflichtung berufen.
17. Die aktuell durch die Koalitionsregierung angestrebte Stärkung der Tarifbindung kann befördert werden durch eine Festlegung von Mindestwechselfristen, Offenbarungsobliegenheiten und Klarstellung der Möglichkeit, sich schuldrechtlich im Haustarifvertrag zur Verbandsmitgliedschaft zu verpflichten.

Literaturverzeichnis

Ahrendt, Martina, Zum Anspruch der Gewerkschaft gegen den Arbeitgeberverband auf Auskunft über tarifgebundene und OT-Mitglieder, RdA 2010, 345–351.

Bauer, Jobst-Hubertus/Haußmann, Katrin, Blitzaustritt und Blitzwechsel: Wirksam, aber ohne Wirkung? Die kurzfristige Beendigung oder Änderung der Verbandsmitgliedschaft von Arbeitgebern und ihre Folgen für die Tarifbindung, RdA 2009, 99–106.

Bayreuther, Frank, Tarifautonomie als kollektiv ausgeübte Privatautonomie. Tarifrecht im Spannungsfeld von Arbeits-, Privat und Wirtschaftsrecht, 2005 (zugl. Habil. Universität Erlangen-Nürnberg, 2003/04).

Bayreuther, Frank, OT-Mitgliedschaft, Tarifzuständigkeit und Tarifbindung, BB 2007, 325–329.

Bayreuther, Frank, Lehren aus den Lokführerentscheidungen des LAG Hessen für das Koalitions- und Arbeitskampfrecht, NZA 2024, 649–655.

Behrens, Martin, Das Paradox der Arbeitgeberverbände. Von der Schwierigkeit, durchsetzungsstarke Unternehmensinteressen kollektiv zu vertreten, Baden-Baden 2011 (zugl. Habil. Universität Göttingen, 2010).

Behrens, Martin, Arbeitgeberverbände – auf dem Weg in den Dualismus?, WSI-Mitteilungen 2013, 473–481.

Behrens, Martin, German Employers' Associations and their Strategy to Deliberate Neglect, in: Gooberman, Leon/Hauptmeier, Marco (Hrsg.), Contemporary Employers' Organizations. Adaption and Resilience, New York/London 2022, 159–175.

Behrens, Martin/Helfen, Markus, Sachzwang oder Programm? Tarifpolitische Orientierungen und OT-Mitgliedschaft bei deutschen Arbeitgeberverbänden, WSI-Mitteilungen 2016, 452–459.

Behrens, Martin/Helfen, Markus, Small change, big impact? Organisational membership rules and the exit of employers' associations from multiemployer bargaining in Germany, Human Resource Management Journal 2018, 51–66.

Benecke, Martina, Regulierung der OT-Mitgliedschaft – Schutz des Tarifvertrages vor Fremdbestimmung, in: Giesen, Richard/Junker, Abbo/Rieble, Volker (Hrsg.), Ordnungsfragen des Tarifvertragsrechts, München 2017, 45–64.

Berg, Peter, Rechtliche Auswirkungen einer OT-Mitgliedschaft in der Praxis, AuR 2001, 393–397.

Berg, Peter/Kocher, Eva/Schumann, Dirk (Hrsg.), Tarifvertragsgesetz und Arbeitskampfrecht, 8. Aufl., Frankfurt am Main 2025 (zit.: BKS-*Bearbeiter*).

Besgen, Nicolai, Mitgliedschaft im Arbeitgeberverband ohne Tarifbindung. Tarifflucht statt Verbandsflucht, Baden-Baden 1998 (zugl. Diss. Universität Bonn, 1997).

Besgen, Nicolai, Außerordentliche Mitgliedschaft im Arbeitgeberverband ohne Tarifbindung, SAE 2000, 141–144.

Besgen, Nicolai, OT-Mitgliedschaft – offene Fragen, SAE 2007, 293–295.

Besgen, Nicolai/Weber, Astrid, Der „Blitzwechsel" in die OT-Mitgliedschaft, SAE 2010, 1–6.

Borchard, Axel, Verfassungsrechtliche und einfachgesetzliche Grenzen tarifvertraglicher Differenzierungsklauseln, Baden-Baden 2009 (zugl. Diss. Universität Münster, 2009).

Brahmstaedt, Johanna, Die Mitgliedschaft im Arbeitgeberverband ohne Tarifbindung im Stufenmodell, Frankfurt am Main 2013 (zugl. Diss. Bucerius Law School, Hamburg, 2013).

Breschendorf, Peter, Zweiteilung der Belegschaft. Chancen und Risiken einer Differenzierung nach der Gewerkschaftszugehörigkeit, Berlin 2009 (zugl. Diss. Universität München, 2008).

Buchner, Herbert, Mitgliedschaft in Arbeitgeberverbänden ohne Tarifbindung, NZA 1994, 2–12.

Buchner, Herbert, Verbandsmitgliedschaft ohne Tarifgebundenheit, NZA 1995, 761–769.

Buchner, Herbert, Mitgliedschaft ohne Tarifbindung in Arbeitgeberverbänden – Gelöste und ungelöste Fragen, insbesondere die Probleme bei Tarifabschluss durch Spitzenorganisationen –, in: Schmidt, Klaus (Hrsg.), Arbeitsrecht und Arbeitsgerichtsbarkeit, Bilanz und Perspektiven an der Schwelle zum Jahr 2000. Festschrift zum 50-jährigen Bestehen der Arbeitsgerichtsbarkeit in Rheinland-Pfalz (zit.: FS Arbeitsgerichtsbarkeit Rheinland-Pfalz), Neuwied 1999, 331–344.

Buchner, Herbert, Bestätigung der OT-Mitgliedschaft durch das BAG, Grundsätzliche Anerkennung – offene Folgefragen, NZA 2006,1377–1382.

Buchner, Herbert, Verbandsmitgliedschaft ohne Tarifbindung – Tarifrechtliche Konsequenzen eines Wechsels der Mitgliedschaftskategorie – Erfordernis der Aussetzung nach § 97 Abs. 5 ArbGG, RdA 2006, 308–312.

Danz, Heike, Die Mitgliedschaft im Arbeitgeberverband ohne Tarifbindung. Rechtliche Zulässigkeit und tarif-, arbeitskamprechtliche und prozessuale Konsequenzen der tarifbindungsfreien Mitgliedschaft, Diss. Universität Jena, 2000.

Däubler, Wolfgang, Tarifflucht – eine aussichtsreiche Strategie zur Reduzierung von Lohnkosten?, ZTR 1994, 448–455.

Däubler, Wolfgang, Tarifausstieg – Erscheinungsformen und Rechtsfolgen, NZA 1996, 225–233.

Däubler, Wolfgang, Privatautonomie oder demokratische Tarifautonomie?, KJ 2014, 372–383.

Däubler, Wolfgang, Rechtliche Aspekte eines Verbots von Mitgliedschaften ohne Tarifbindung (OT) in Arbeitgeberverbänden (unveröff. Gutachten, 2022), *https://www.dielinkebt.de/fileadmin/user_upload/PDF_Dokumente/2022/2208OT-Mitgliedschaft_Gutachten_Wolfgang_Da__ubler_final.pdf* (zuletzt abgerufen am 17.9.2025).

Däubler, Wolfgang, Gemeinsame Beantragung einer AVE – ein zulässiges Streikziel (unveröff. Gutachten, 2023).

Däubler, Wolfgang, Anm. zu BVerfG 11.12.2024 – 1 BvR 1109/21 und 1 BvR 1422/23, jurisPR-ArbR 17/2025, Anm. 1.

Däubler, Wolfgang (Hrsg.), Tarifvertragsgesetz – mit Arbeitnehmer-Entsendegesetz, 5. Aufl., Baden-Baden 2022 (zit.: Däubler-*Bearbeiter*, TVG).

Deinert, Olaf, Zur Zulässigkeit von OT-Mitgliedschaften in Arbeitgeberverbänden, AuR 2006, 217–224.

Deinert, Olaf, Schranken der Satzungsgestaltung beim Abstreifen der Verbandstarifbindung durch OT-Mitgliedschaften, RdA 2007, 83–91.

Deinert, Olaf, Anm. zu Hess. LAG 17.9.2008 – 9 SaGa 1442/08, jurisPR-ArbR 8/2009, Anm. 3.

Deinert, Olaf, Negative Koalitionsfreiheit, Überlegungen am Beispiel der Differenzierungsklausel, RdA 2014, 129–135.

Deinert, Olaf, Gesetzliche Anreize für die Verbandsmitgliedschaft zur Stärkung der Tarifbindung, SR Sonderausgabe 2017, 24–32.

Deinert, Olaf, Die konditionierte Allgemeinverbindlicherklärung, Frankfurt am Main 2024.

Deinert, Olaf/Walser, Manfred, Tarifvertragliche Bindung der Arbeitgeber. Bindungswille und -fähigkeit der Arbeitgeber und ihre Verbände als juristisches und rechtspolitisches Problem, Baden-Baden 2015.

Deinert, Olaf/Walser, Manfred, Zur Förderung der Mitgliedschaft von Arbeitgebern in Verbänden, AuR 2015, 386–392.

Deinert, Olaf/Wenckebach, Johanna/Zwanziger, Bertram (Hrsg.), Arbeitsrecht, 11. Aufl., Frankfurt am Main 2024 (zit.: Deinert/Wenckebach/Zwanziger-*Bearbeiter*).

Dieterich, Thomas, Zukunft einer funktionsfähigen Tarifautonomie (mit Berücksichtigung der Besonderheiten in der Bauwirtschaft), NZA Beilage 2/2011, 84–88.

Farouq, Hasina, Verfassungsrechtliche Vorgaben für die Zusammenarbeit von Arbeitgeberverbänden und Gewerkschaften unter besonderer Berücksichtigung der Problematik von Blitzaustritten und Blitzwechseln aus Arbeitgeberverbänden, Göttingen 2014 (zugl. Diss. Universität Göttingen, 2013/14).

Feger, Sandra, Flucht aus dem Arbeitgeberverband, AiB 1995, 490–505.

Frank, Caroline, Die Forderung einer gemeinsamen Antragstellung auf Allgemeinverbindlicherklärung als zulässiges Streikziel, ZESAR 2025, 217–227.

Franzen, Martin, Gesetzesbindung im Tarifvertragsrecht, in: Lobinger, Thomas/Wilhelm, Jan/Richardi, Reinhard (Hrsg.), Festschrift für Eduard Picker zum 70. Geburtstag (zit.: FS Picker), Tübingen 2010, 929–952.

Franzke, Christian, OT-Mitgliedschaften. Zur Frage der Zulässigkeit einer tarifbindungsfreien Verbandsmitgliedschaft in einer Arbeitgeberorganisation, Berlin 2000 (zugl. Diss. Universität Frankfurt am Main, 1999).

Gamillscheg, Franz, Kollektives Arbeitsrecht, Bd. I: Grundlagen, Koalitionsfreiheit, Tarifvertrag, Arbeitskampf und Schlichtung, München 1997.

Gaumann, Ralf/Schafft, Marcus, Auskunftspflichten über den Mitgliedsstatus im Arbeitgeberverband, NZA 2001, 1125–1133.

Giesen, Richard, Streikziel Allgemeinverbindlicherklärung, ZfA 2025, 30–49.

Glaubitz, Werner, Zur Frage der Tariffähigkeit des Arbeitgeberverbandes mit tarifgebundenen und nicht tarifgebundenen Mitgliedern, in: Landesvereinigung der Arbeitgeberverbände Nordrhein-Westfalen e.V. (Hrsg.), Arbeitsrecht aus Arbeitgebersicht. Festschrift für Dieter Stege (zit.: FS Stege), Köln 1997, 39–48.

Glaubitz, Werner, Tariffähigkeit von Arbeitgeberverbänden mit tarifgebundenen und -ungebundenen Mitgliedern?, NZA 2003, 140–143.

Greef, Samuel, Arbeitgeberverbände im Spiegel von Zahlen, in: Schroeder, Wolfgang/Weßels, Bernhard (Hrsg.), Handbuch Arbeitgeber- und Wirtschaftsverbände in Deutschland, 2. Aufl., Wiesbaden 2017, 673–715.

Greiner, Stefan, „Tarifsozialplan" bei Betriebsübergang?, NZA 2008, 1274–1281.

Hartmann, Felix, Negative Tarifvertragsfreiheit im deutschen und europäischen Arbeitsrecht, Tübingen 2014 (zugl. Habil. Universität Heidelberg, 2012).

Hartmann, Felix/Lobinger, Thomas, Die Arbeitsvertrags- und Wettbewerbsfreiheit als Grenze tarifvertraglicher Vorteilsregelungen, NZA 2010, 421–427.

Hellermann, Johannes, Die sogenannte negative Seite der Freiheitsrechte, Berlin 1993 (zugl. Diss. Universität Freiburg i.Br., 1992).

Hensche, Detlef, Zur rechtlichen Zulässigkeit der OT-Mitgliedschaft. Befreit die „Mitgliedschaft ohne Tarifbindung" von der Geltung des Tarifvertrages? Rechtsgutachten für die Vereinte Dienstleistungsgewerkschaft (ver.di), Düsseldorf 2004.

Hensche, Detlef, Verfassungsrechtlich bedenkliche Neujustierung des Verhältnisses zwischen Individualwille und kollektiver Ordnung, NZA 2019, 815–820.

Henssler, Martin, Stärkung der Tarifbindung durch den Gesetzgeber, RdA 2021, 1–8.

Henssler, Martin /Willemsen, Heinz Josef/Kalb, Heinz-Jürgen (Hrsg.), Arbeitsrecht Kommentar, 11. Aufl., Köln 2024 (zit.: HWK-*Bearbeiter*).

Hinkers, Franz, Rechte und Pflichten im Arbeitgeberverband bei einseitigen Austritten und einvernehmlichen Aufhebungen der Mitgliedschaft sowie bei Wechsel aus der Vollmitgliedschaft in eine OT-Mitgliedschaft, Berlin 2012 (zugl. Diss. Universität Münster, 2011).

Hohendanner, Christian/Kohaut, Susanne, 75 Jahre Tarifvertragsgesetz: Sind Branchentarife und betriebliche Mitbestimmung ein Auslaufmodell?, *https://iab-forum.de/75-jahre-tarifvertragsgesetz-sind-branchentarife-und-betriebliche-mitbestimmung-ein-auslaufmodell/* (zuletzt abgerufen am 19. August 2025).

Höpfner, Clemens, Blitzaustritt und Blitzwechsel in die OT-Mitgliedschaft, ZfA 2009, 541–573.

Höpfner, Clemens, Die Tarifgeltung im Arbeitsverhältnis. Historische, ökonomische und legitimatorische Grundlagen des deutschen Koalitions- und Tarifvertragsrechts, Baden-Baden 2015 (zugl. Habil. Universität Köln, 2014/15).

Höpfner, Clemens, Wege zu einem freiheitlichen Tarifvertragsrecht, RdA 2025, 219–228.

Jacobs, Matthias/Krause, Rüdiger/Oetker, Hartmut/Schubert, Claudia, Tarifvertragsrecht, 2. Aufl., München 2013 (zit.: Jacobs/Krause/Oetker/Schubert-*Bearbeiter*).

Jacobs, Matthias/Krois, Christopher, Anm. zu BAG 4.6.2008 – 4 AZR 419/07, AP TVG § 3 Nr. 38.

Jacobs, Matthias/Krois, Christopher, Das Zusammenspiel von Tarif- und Satzungsautonomie bei Blitzaustritt und Blitzwechsel, in: Martinek, Michael/Rawert, Peter/Weitemeyer, Birgit (Hrsg.), Festschrift für Dieter Reuter zum 70. Geburtstag am 16. Oktober 2010 (zit.: FS Reuter), Berlin/New York 2010, 555–570.

Jirjahn, Uwe, On the determinants of bargaining-free membership in German Employers' Associations, Industrial Relations 2022, 545–558.

Joest, Heike Maria von, Satzungsrechtliche Aspekte der Öffnung des Arbeitgeberverbandes Gesamtmetall für OT-Verbände, in: Bauer, Jobst-Hubertus/Kort Michael/Möllers Thomas M.J./Sandmann, Bernd (Hrsg.), Festschrift für Herbert Buchner zum 70. Geburtstag (zit.: FS Buchner), München 2009, 358–368.

Junker, Abbo, Zulässigkeit einer Mitgliedschaft im Arbeitgeberverband ohne Verbandstarifbindung – OT-Mitglieder, SAE 1997, 169–182.

Junker, Abbo, Zulässigkeit und Rechtsfolgen der Mitgliedschaft ohne Tarifbindung, Rechtsgutachten erstattet im Auftrag des Bundesverbandes Druck und Medien (unveröffentlicht, ohne Jahr).

Kempen, Otto Ernst/Zachert, Ulrich (Begr.), TVG, hrsgg. v. Brecht-Heitzmann, Holger/Kempen, Otto Ernst/ Schubert, Jens M./Seifert, Achim, 5. Aufl., Frankfurt am Main 2014 (zit.: Kempen/Zachert-*Bearbeiter*).

Kiel, Heinrich/Lunk, Stefan/Oetker, Hartmut (Hrsg.), Münchener Handbuch zum Arbeitsrecht, Bd. 3: Kollektives Arbeitsrecht I, 6. Aufl., München 2025 (zit.: MünchArbR-*Bearbeiter*).

Kingreen, Thorsten, Exklusive Tariföffnungsklauseln. Einfach-rechtliche Ausgestaltung und verfassungsrechtliche Zulässigkeit, Frankfurt am Main 2020.

Kissel, Otto Rudolf, Arbeitskampfrecht, München 2002.

Kittner, Michael, „Flucht aus dem Tarifvertrag" durch Austritt aus dem Arbeitgeberverband, AuR 1998, 469–473.

Klein, Thomas, Anm. zu BAG 19.6.2012 – 1 AZR 775/10, jurisPR-ArbR 5/2013, Anm. 4.

Klocke, Daniel, Der Auskunftsanspruch zur Gewährleistung des digitalen Zugangsrechts, JR 2025, 463–466.

Klocke, Kyra, Tarifautonomie und Außenseiter, Tübingen 2023 (zugl. Diss. Universität Halle-Wittenberg, 2022).

Kluth, Winfried, Die Zulässigkeit einer Mitgliedschaft ohne Tarifbindung in Handwerksinnungen und Innungsverbänden, GewArch 2013, 377–383.

Kobler, Michael, Fremdeinflüsse auf die tarifliche Willensbildung, Frankfurt am Main 2011 (zugl. Diss. Universität München, 2011).

Konzen, Horst, Die Tarifzuständigkeit im Tarif- und Arbeitskampfrecht, in: Hönn, Günther/Konzen, Host/ Kreutz, Peter (Hrsg.), Festschrift für Alfons Kraft zum 70. Geburtstag (zit.: FS Kraft), Neuwied 1998, 291–322.

Krause, Rüdiger, „Blitzaustritt" und „Blitzwechsel" von Arbeitgebern als Herausforderung des Tarifrechts, in: Dieterich, Thomas/Le Friant, Martine/Nogler, Luca/Kezuka, Katsutoshi/Pfarr, Heide (Hrsg.), Individuelle und kollektive Freiheit im Arbeitsrecht. Gedächtnisschrift für Ulrich Zachert (zit.: GS Zachert), Baden-Baden 2010, 605–623.

Lesch, Hagen/Schneider, Helena/Vogel, Sandra, Rückzug aus der Flächentarifbindung: Empirischer Forschungsstand und Implikationen für eine Stabilisierung des Tarifsystems, SozF 2018, 867–886.

Löwisch, Manfred, Gewollte Tarifunfähigkeit im modernen Kollektivarbeitsrecht, ZfA 1974, 29–46.

Löwisch, Manfred/Rieble, Volker, Tarifvertragsgesetz, 4. Aufl., München 2017.

Melot de Beauregard, Paul, Mitgliedschaft in Arbeitgeberverbänden und Tarifbindung, Frankfurt am Main 2002 (zugl. Diss. Universität Würzburg, 2000/01).

Moll, Frank, Tarifausstieg der Arbeitgeberseite: Mitgliedschaft im Arbeitgeberverband „Ohne Tarifbindung", Berlin 2000 (zugl. Diss. Universität Hamburg, 1998/99).

Müller-Glöge, Rudi/Preis, Ulrich/Gallner, Inken/Schmidt, Ingrid (Hrsg.), Erfurter Kommentar zum Arbeitsrecht, 25. Aufl., München 2025 (zit.: ErfK-*Bearbeiter*).

Ostrop, Markus H., Mitgliedschaft ohne Tarifbindung. Besondere Gestaltungsformen einer tarifbindungsfreien Mitgliedschaft im Arbeitgeberverband, Frankfurt am Main u.a. 1997 (zugl. Diss. Universität Freiburg i.Br., 1996/97).

Otto, Sven-Joachim, Die rechtliche Zulässigkeit einer tarifbindungsfreien Mitgliedschaft in Arbeitgeberverbänden, NZA 1996, 624–631.

Pfister, Sina, Tarifrechtliche Unwirksamkeit des sofortigen Austritts aus dem Arbeitgeberverband, Frankfurt am Main 2013 (zugl. Diss. Universität München, 2012).

Picker, Eduard, System des kollektiven Arbeitsrechts (hrsg. v. Lobinger, Thomas/Hartmann, Felix in Gemeinschaft mit Richardi, Reinhard), Tübingen 2021.

Plander, Harro, Tarifflucht durch kurzfristig vereinbarten Verbandsaustritt?, NZA 2005, 897–902.

Prokop, Felix, Die Allgemeinverbindlicherklärung nach § 5 TVG. Eine verfassungsrechtliche Untersuchung der Änderungen durch das Tarifautonomiestärkungsgesetz 2014, Baden-Baden 2017 (zugl. Diss. Universität München, 2017).

Reuter, Dieter, Die Mitgliedschaft ohne Tarifbindung (OT-Mitgliedschaft) im Arbeitgeberverband, RdA 1996, 201–209.

Rhodius, Wiebke Flavia, Die OT-Mitgliedschaft im Arbeitgeberverband, Frankfurt am Main u.a. 2011 (zugl. Diss. Universität Düsseldorf, 2011).

Rieble, Volker, „Blitzaustritt" und tarifliche Vorbindung, RdA 2009, 280–286.

Rödl, Florian, „Gerechtigkeit durch Tarifvertrag"– ein Forschungsprogramm, SR 2022, 217–225.

Rödl, Florian, Streik für einen Antrag auf Allgemeinverbindlicherklärung, NZA 2025, 1603–1609

Rödl, Florian, Der Tarifvertrag: Ausdruck privater oder politischer Autonomie?, WSI-Mitteilungen 2023, 168–176.

Säcker, Franz Jürgen/Rixecker, Roland /Limperg, Bettina/Oetker, Hartmut/Schubert, Claudia (Hrsg.), Münchener Kommentar zum Bürgerlichen Gesetzbuch, Bd. 1: Allgemeiner Teil, 10. Aufl., München 2025 (zit.: MünchKomm-*Bearbeiter*).

Schaub, Günter, Aktuelle Fragen des Tarifvertragsrechts, BB 1995, 2003–2006.

Schaub, Günter, Aktuelle Streitfragen zur Kostensenkung bei der Arbeitsvergütung, BB 1994, 2005–2011.

Schlochauer, Ursula, OT-Mitgliedschaft in tariffähigen Arbeitgeberverbänden, in: Schlachter, Monika/ Ascheid, Reiner/Friedrich, Hans-Wolf (Hrsg.), Tarifautonomie für ein neues Jahrhundert. Festschrift für Günter Schaub zum 65. Geburtstag (zit.: FS Schaub), München 1998, 699–714.

Schlochauer, Ursula, OT-Mitgliedschaft, in: Maschmann, Frank (Hrsg.), Festschrift für Wolfgang Hromadka zum 70. Geburtstag (zit.: FS Hromadka), München 2008, 379–392.

Schubert, Claudia, Ist der Außenseiter vor der Normsetzung durch die Tarifvertragsparteien geschützt? – Ein Beitrag zum sachlichen Schutzbereich der negativen Koalitionsfreiheit, RdA 2001, 199–207.

Schulten, Thorsten/Müller, Torsten, Die europäische Mindestlohnrichtlinie als Tarifvertragsstärkungsrichtlinie, WSI-Mitteilungen 2024, 441–449.

Sittard, Ulrich, Voraussetzungen und Wirkungen der Tarifnormerstreckung nach § 5 TVG und dem AEntG. Zugleich ein Beitrag zur Debatte um staatliche Mindestlöhne, München 2010 (zugl. Diss. Universität Köln, 2009).

Stach, Daniel, Die schuldrechtliche Tarifregelung als Streikziel, DB 2025, 1756–1761.

Stumpfe, Werner, Änderungen in der Verbandslandschaft – Arbeitgeber, NZA Sonderbeilage 24/2000, 1–4.

Terhorst, Janna, Ende der Tarifbindung. Verbandsaustritt und Wechsel in die OT-Mitgliedschaft unter besonderer Berücksichtigung interner Haftungsansprüche des Arbeitgebers gegen seinen Verband, Baden-Baden 2016 (zugl. Diss. Universität Würzburg, 2015).

Thüsing, Gregor, Anm. zu LAG Rheinland-Pfalz 17.2.1995 – 10 Sa 1092/94, LAGE Art. 9 GG Nr. 10.

Thüsing, Gregor, Die Mitgliedschaft ohne Tarifbindung in Arbeitgeberverbänden, ZTR 1996, 481–485.

Thüsing, Gregor/Stelljes, Volker, Verbandsmitgliedschaft und Tarifgebundenheit – Mitgliedschaft OT und nicht tariffähige Parallelverbände als Ausfluss grundrechtlich geschützter Gestaltungsfreiheit, ZfA 2005, 527–580.

Ubber, Thomas/Grundherr, Felicia von, Allgemeinverbindlicherklärung durch Arbeitskampf, ZfA 2024, 264–295.

Ulber, Daniel, Die grundrechtliche Architektur der Tarifautonomie, NZA 2025, 918–923.

Walser, Manfred, Einfluss der Rechtsordnung auf die Tarifbindung der Arbeitgeberseite, Frankfurt am Main u.a. 2015 (zugl. Diss. Universität Göttingen, 2014).

Walser, Manfred/Boor, Felix, Handwerk ohne Tarif? – Zur Zulässigkeit der OT-Mitgliedschaft in Handwerksinnungen, AuR 2016, 57–62.

Waltermann, Raimund, Zu den Grundlagen der Rechtsetzung durch Tarifvertrag, in: Köbler, Gerhard/ Heinze, Meinhard/Hromadka, Wolfgang (Hrsg.), Europas universale rechtsordnungspolitische Aufgabe im Recht des dritten Jahrtausends. Festschrift für Alfred Söllner zum 70. Geburtstag (zit.: FS Söllner), München 2000, 1251–1278.

Waltermann, Raimund, Zu den Grundlagen der Tarifautonomie, ZfA 2000, 53–86.

Waltermann, Raimund, Entwicklungslinien der Tarifautonomie, RdA 2014, 86–93.

Waltermann, Raimund, Rechtsquellenfragen der Betriebsvereinbarung mit Blick auf den Tarifvertrag, in: Boemke, Burkhard/Lembke, Mark/Linck, Rüdiger (Hrsg.), Festschrift für Gerrick Frhr. von Hoyningen-Huene zum 70. Geburtstag (zit.: FS v. Hoyningen-Huene), München 2014, 549–560.

Wiedemann, Herbert, Tarifautonomie heute, BB 2013, 1397–1402.

Wiedemann, Herbert (Hrsg.), Tarifvertragsgesetz, 9. Aufl., München 2023 (zit.: Wiedemann-*Bearbeiter*).

Wilhelm, Gerhard/Dannhorn, Wolfgang, Die „OT-Mitgliedschaft" – neue Tore für die Tarifflucht?, NZA 2006, 466–473.

Willemsen, Heinz Josef/Mehrens, Christian, Die Rechtsprechung des BAG zum „Blitzaustritt" und ihre Auswirkungen auf die Praxis, NJW 2009, 1916–1921.

Willemsen, Heinz Josef/Mehrens, Christian, Neues zum „Blitzwechsel" in die OT-Mitgliedschaft und Unterstützungsstreik, NZA 2013, 79–82.

Wroblewski, Andrej, Kein generelles o.k. für OT, NZA 2007, 421–426.

Zander, Oliver, Tarifautonomie, Tarifbindung und Tarifflexibilität – Zur Funktion der OT-Mitgliedschaft in Arbeitgeberverbänden, in: Deinert, Olaf/Heuschmid, Johannes/Kittner, Michael/Schmidt, Marlene (Hrsg.), Demokratisierung der Wirtschaft durch Arbeitsrecht. Festschrift für Thomas Klebe zum 70. Geburtstag (zit.: FS Klebe), Frankfurt am Main 2018, 484–487.

Zoglowek, Joanna, Auswirkungen innerverbandlicher Satzungsverstöße sowie unzulässiger Satzungsgestaltungen von Tarifparteien auf das Außenverhältnis, Berlin u.a. 2020 (zugl. Diss. Universität Bonn, 2019/20).

In der Schriftenreihe des Hugo Sinzheimer Instituts für Arbeits- und Sozialrecht sind zuletzt erschienen:

Band 60 HSI (Hrsg.)
150 Jahre Hugo Sinzheimer
ISBN 978-3-7663-7652-7

Band 59 Daniel Klocke
Tarifvorrang und Tarifvorbehalt
ISBN 978-3-7663-7609-1

Band 58 Wolfram Cremer
Soziale Kriterien und EU-Beihilferecht – Zugleich zur sozialen Dimension der EU-Verträge
ISBN 978-3-7663-7607-7

Band 57 Olaf Deinert/Andreas Hofmann/Esra Özen/Philipp Thiel
Die soziale Dimension des Unionsrechts in der Rechtsprechung des EuGH
ISBN 978-3-7663-7589-6

Band 56 Reingard Zimmer
Die Umsetzung und Weiterentwicklung des LkSG
ISBN 978-3-7663-7582-7

Band 55 Judith Brockmann/Felix Welti (Hrsg.)
Sozialrecht und Tarifbindung
ISBN 978-3-7663-7581-0

Band 54 Anneliese Kärcher/Manfred Walser
Durchsetzung von Arbeitsrecht – das Arbeitsschutzkontrollgesetz als Modell?
ISBN 978-3-7663-7579-7

Band 53 Olaf Deinert
Die konditionierte Allgemeinverbindlicherklärung
ISBN 978-3-7663-7399-1

Band 52 HSI
Gewerkschaftsrechte heute
ISBN 978-3-7663-7368-7

Band 51 Uwe Fuhrmann
Frauen in der Geschichte der Mitbestimmung – Pionierinnen in Betriebsräten, Gewerkschaft und Politik
ISBN 978-3-7663-7344-1

Weitere Informationen zur Schriftenreihe:
www.hugo-sinzheimer-institut.de